序言

2021—2025年，我国应届大学毕业生人数分别为909万、1 076万、1 158万、1 179万、1 222万，一直处在增量状态。据预测，在2035年以前，我国大学毕业生的年均规模将持续保持在1 200万人左右，大学毕业生的就业压力持续增加。从总量来看，大学毕业生成为城镇新增就业主体，全社会岗位供给总体不足，就业市场总量供求关系趋于紧张，就业形势十分严峻。从结构来看，就业市场存在一定程度“供求不匹配”的结构性矛盾，大学毕业生在就业市场表现出更多的脆弱性。

高质量发展需要高质量就业。在强国建设、民族复兴的新征程上，大学生就业具有中国特定发展阶段的时代特征。作为世界第二大经济体，中国在世界上的经济地位具有长期稳定性。随着人口老龄化的加剧，移动互联网和人工智能推动社会不断进步和发展，长期看来，我国对高素质人才的需求是不断增加的，大学毕业后会有更多的就业机会和更好的发展空间。短期看来，国际形势多重变局并进，国内经济运行面临外部压力加大、内部困难增多、重点领域风险隐患较多的复杂严峻形势，大学毕业生就业面临需求的不确定性、挑战的多层次性、解决的复杂性等困难。解决大学生就业问题是全社会的责任，需要政府、用人单位、高校和大学生个人等各方面的共同努力，需要不断提升大学生就业能力。

2025年4月，《中共中央办公厅 国务院办公厅关于加快构建普通高等学校毕业生高质量就业服务体系的意见》对构建高质量就业服务体系，促进高校毕业生高质量充分就业有关工作进行了部署，要求深化高校毕业生就业研究。可以说，梁玲云的《新时代大学生就业能力提升研究》是理论研究者和高校育人者对这一要求的及时回应。她从研究者的视角认真观察和深入分析新时代大学生就业能力提升问题，着眼于大学生就业这一终极目标，以大学生就业的理论逻辑和现实逻辑为研究对象，围绕就业能力提升提供了一个分析框架、思维导图和解决路径。这是一本扎扎实实的理论研究著作，精准定位了研究的切入点，从大学生、高校、政府、企业等不同维度，揭示了大学生就业能力提升的底层逻辑，具有较强的理论性。这又是一本具有实践指导意义的著作，作为有激情的研究者，出于对现实的敏感性，梁玲云以丰富的内容呈现了大学生就业能力提升相关问题的时代特征。

大学毕业生就业能力是多维的，大学生不仅仅是要学习知识、培养能力、获得证书，更要培养个人品德、内在修养和心理素质。那么，有多少在校大学生能够领会这一道理并身体力行呢？有多少高校教师会关注到这一需求并精心训练呢？有多少家长会知晓这类环节并提供良性育人微环境呢？就业管理相关部门在出台政策促进就业的时候，又能多大程度延伸、覆盖到这一细分领域呢？而本书可以提供一些有益的借鉴和启示。

本书可以帮助高校教师和高校就业管理者了解大学生就业能力的理论逻辑、基本框架、存在问题和解决路径，更好地对接社会，教导学生识别和避开就业风险，实现高质量就业；可以提示政府就业促进部门工作人员以系统思维构建政策框架，激发政策灵感；可以促使用人单位管理者关注大学生就业能力相关问题，以企业实际需求为核心设置岗位；可以对家长有所触动，加深其对就业相关问题的理解；可以促使大学生汲取人生有益的信息，进行充分的心理准备和技能准备，培育硬技能，养成软实力。

中国人事科学研究院研究员　袁娟

2025 年 7 月 8 日

前言

当前，世界正经历百年未有之大变局，新一轮科技革命与产业变革加速演进，全球经济结构深度调整，社会需求与人才标准发生深刻变化。在这一背景下，中国高等教育肩负着培养高素质人才、服务国家战略需求的重要使命。然而，随着我国高等教育规模的不断扩大，大学毕业生数量持续增长、就业市场竞争加剧、新兴职业形态不断涌现，大学生就业难的问题愈发严峻，这一现象已引发了社会各界的高度关注。大学生就业能力的提升已成为关乎个人发展、教育质量提升和社会稳定的关键议题。如何适应新时代的挑战，系统性破解大学生就业能力培养中的理论与实践难题，是本书研究的核心出发点。

2024 年 11 月，《求是》杂志发表习近平总书记重要文章《促进高质量充分就业》，文章指出，“党的十八大以来，党中央坚持把就业工作摆在治国理政的突出位置，强化就业优先政策，健全就业促进机制，有效应对外部压力、内部困难特别是新冠疫情带来的严峻挑战”，这足以证明党和国家对大学毕业生就业问题的高度重视。然而，传统就业能力框架多聚焦于专业知识和基础技能，但在数字经济、人工智能快速发展的今天，企业对人才的需求已转向“复合型”“创新型”和“适应型”能力。与此同时，高校人才培养模式与社会需求之间的结构性矛盾、学生职业规划意识的薄弱、实践平台的缺失等问题，进一步加剧了就业市场的供需错位。本书试图突破单一视角的局限，从教育生态、产业变革、政策协同、个体发展四个维度构建分析框架，探讨新时代大学生就业能力的科学内涵与提升路径。

本书以普通高校本科生就业能力为研究对象，通过文献研究法搭建起以教育学、心理学、社会学等多学科经典理论为基础的分析框架来进行研究。研究发现，新时代大学生就业能力不仅包含专业技能、沟通协作等传统要素，更要融入数字素养、跨界学习能力、心理韧性等新兴要素。提高大学生就业能力，需要高校、企业、政府、学生形成协同机制，打破“闭门造车”的教育惯性，构建“动态适配”的育人生态。不过，受资源与条件限制，本书研究存在一定局限性，如尚未对大学生就业能力的强弱程度进行量化评估，这使得研究在深度和完整性上有所欠缺，无法为不同就业能力水平的大学生提供差异化指导策略。

本书的主要结构如下：

第一章绪论。首先，对关键概念进行了清晰界定，明确了“新时代大学生就业能力”涵盖专业技能、沟通协作、创新思维等多方面能力，使后续研究有了坚实的基础。从研究背景来看，随着高等教育的普及，大学生数量持续增长，就业市场竞争日益激烈，加之经济结构调整、科技快速发展，大学生就业面临前所未有的挑战。在此背景下，研究新时代大学生就业能力提升具有重要的现实意义，不仅有助于大学生个人的职业发展，也关系到高等教育的人才培养质量以及社会的稳定与发展。在理论依据方面，本章借鉴了马克思主义关于人的全面发展理论、人力资本理论、职业生涯发展理论等，这些理论为深入剖析大学生就业能力的形成与发展提供了科学的视角。马克思主义关于人的全面发展理论强调人的体力与智力、个性与社会性的协调发展，与大学生就业能力培养高度契合，大学生需要在专业知识技能、思想道德、人际交往、创新实践等多方面全面提升，以适应社会需求，实现个人与社会价值统一；人力资本理论把人力当作资本，主张通过教育、培训提升个体能力从而增加其在劳动力市场价值。大学生通过接受高等教育积累知识、锻炼实践能力就是对自身人力资本投资，该理论为理解大学生就业能力的形成提供经济视角，揭示教育投入与就业能力、职业回报的联系，为优化教育资源配置、提升就业能力提供理论指导；职业生涯发展理论聚焦个体职业发展阶段与历程，涵盖自我认知、职业探索、职业决策等，帮助大学生在不同阶段认清自身兴趣、能力与价值，科学规划职业路径，从入学专业选择到毕业就业抉择，为大学生就业能力持续发展与就业准备提供系统指导，助力大学生精准定位职业方向、提升竞争力。这些理论相互补充，从不同维度和层面为探究大学生就业能力的形成与发展提供科学视角，为后续研究提供了坚实理论支撑。

第二章通过统计数据报告揭示我国大学生就业发展趋势和现状。从就业发展趋势来看，随着经济结构的持续调整和产业升级的加速推进，大学生就业市场呈现出显著变化。近年来，新兴产业如人工智能、大数据、新能源、生物医药等产业对大学生的需求迅速增长。与此同时，传统行业如制造业、批发零售业等，虽然岗位总量仍然可观，但对人才的需求结构发生改变，更加注重复合型人才，要求大学生不仅具备专业技能，还须掌握数字化工具应用等新能力。在就业能力现状方面，数据显示，大学生在专业知识的掌握上普遍达到了一定水平。然而，在实践操作能力上，却存在明显不足，这在一定程度上影响了他们在职场中的表现。通过对统计数据报告的分析，本章清晰展现了我国大学生就业发展的新趋势，以及大学生就业能力在多方面存在的现状与瓶颈，这为后续探讨提升大学生就业能力的策略提供了重要依据 。

第三至五章分别从学生、高校、政府和企业四个视角来对提升大学生就业能力的路径提升提出建议。本书认为，大学生应发挥主体作用。在学业规划上，合理安排课程学习，不仅要深入钻研专业核心课程，夯实专业知识根基，还应广泛涉猎跨学科领域知识，拓宽知识边界，增强知识的综合性运用能力，并利用课余时间，积极投身各类实践活动，注重自我管理能力的培养，制定清晰的职业目标，定期进行自我评估与反思，不断调整和完善自身的职业规划；高校须全方位优化人才培养体系，精准对接市场需求，动态调整专业设置，创新教学方法，强化实践教学环节，加大对实习实训基地的建设投入力度，建立稳定的校企合作关系，为学生提供充足的实习岗位和实践项目，同时还应加强就业指导服务，开设全程化、个性化的就业指导课程，帮助大学生提升求职技能，了解就业市场动态；政府应充分发挥宏观调控和政策引导职能，出台更多针对大学生就业创业的优惠政策，如给予创业大学生税收减免、场地补贴等支持，降低创业门槛和成本，加强就业市场监管，严厉打击就业歧视、虚假招聘等违法行为，维护公平有序的就业环境；企业作为就业的吸纳主体，一方面，要与高校开展产学研合作，共同制定人才培养方案，将企业的实际需求和行业前沿技术融入高校教学内容，另一方面，可以为大学生提供丰富的实习和就业机会，建立完善的实习生培养机制，让大学生在实践中快速成长。

青年强则国家强。大学生就业能力不仅是个体实现人生价值的基石，更是国家核心竞争力的重要组成部分。期待本书能为高校管理者、教育研究者、政策制定者以及广大学生提供新的思考维度，共同探索出一条立足中国国情、回应时代需求的就业能力提升之路。

梁玲云

2025 年 3 月

目录

第一章 绪论

第一节 概念界定

概念界定，就是运用简洁、清晰且准确的语言，对各类概念的本质特征进行概括，目的是帮助读者迅速且准确地区分不同概念，避免产生混淆。可以说，对研究问题进行全面、深入的概念界定，是一切研究得以顺利开展的前提。具体到大学生就业能力这一概念，它绝非简单的单一能力集合，而是一个结构复杂、层次丰富的复合型能力体系。对大学生就业能力进行准确、全面的概念界定具有极其重要的意义，它不仅是开展大学生就业能力提升问题研究的重要基石，更是连接理论研究与实践应用的关键纽带。只有清晰、透彻地理解大学生就业能力“是什么”，明确具体需要提升的内容，才能更加深入地探究马克思主义关于人的全面发展理论与大学生就业能力提升之间的内在关联，精准剖析提升大学生就业能力过程中面临的现实问题，进而为制定科学、有效的大学生就业能力提升策略提供坚实的理论支撑与实践指导。

一、就业能力

“就业能力”概念的提出源于国外。在工业革命的推动下，英国经济学家贝弗里奇（Beveridge）于1909年首次提出“就业能力”（employ ability）的概念，并将其定义为人类个体是否能够取得工作且持续工作从而实现长期生存的一种能力。因此，就业能力也被称为可雇佣性。就业能力曾被用于区分不同类型的人群是否还具备劳动能力，将他们分为能够靠一己之力独立生存的“可雇佣型人群”和无法独立生存需要救助的“不可雇佣型人群”。

随着时间的推移，西方不同国家出现了位置冲突理论（positional conlict theory）、就业能力的过程模型（the employability process model）等不同的理论观点，对就业能力的概念有了不同界定。例如英国学者希尔德兰和波拉德认为，就业能力是指个人获得最初就业，并维持就业和必要时获取新的就业所需要的能力。这种能力包括资本（基本技能、必要个性、具体技能、关键技能、团队精神、自主管理和商业意识等）、发展（职业管理技能、求职能力等）、表达（资格证书、工作经历等）、个人环境和劳动力市场的联系。加济耶提出，就业能力是个体获得和保持有酬工作、在工作中晋升以及应对变化的能力。福格特、基尼齐和阿什福斯认为，就业能力包括个人适应性，职业认同以及社会和人力资本，是个人确认以及获得组织内外部职业机会的能力，它是一个心理-社会结构①。

斯莫尔等认为，就业能力是个体在劳动力市场中进行自给自足的能力，不仅包括毕业生拥有的特定技能、知识和态度，还包括个体运用及向雇主展示这些技能、知识和态度的能力②。

就业能力的概念随着人们所处时代背景的变化而演变，体现了不同时代的经济背景和劳动力市场情况，反映国家、组织及个人等不同层次的就业目标。虽然不同研究者对就业能力的认识并不完全相同，但是他们存在以下两方面的共同点：① 就业能力是有结构的、多维度的；② 就业能力不仅包括动态的过程性特征，而且还包括静态的基本素质。就业能力一方面要满足求职的需要，另一方面也要满足求职者职业变动和职业发展的需要。

与之相比，国内对就业能力的研究起步比较晚，这与我国社会经济的发展及人力资源配置制度的变革有关。我国在 20 世纪 50 年代形成了“统包统分”的高等学校毕业生分配制度。这种就业制度的产生源于我国当时高度集中的计划经济体制，其对计划经济体制的发展和国家建设起到了很大作用，最大可能地实现了“人尽其才”的配置状态。到 1993 年，党中央和国务院正式提出改革高等学校毕业生“统包统分”和“包当干部”的

---

① FUGATE M, KINICKI A J, ASHFORTH B E. Employability: a psycho-social construct, its dimensions, and applications [J]. Journal of vocational behavior, 2004, 65 (1): 14-38.

② SMALL L, SHACKLOCK K, MARCHANT T. Employability: a contemporary review for higher education stakeholders [J]. Journal of Vocational Education & Training, 2018, 70 (1): 148-166.

就业制度，实行小部分毕业生由国家安排就业，大部分毕业生“自主择业”的就业制度，大学生就业进入自由竞争的状态。再加上自1999年开始，国家开始实施高等教育扩招政策，大学毕业生就业问题逐渐凸显，进而引发了社会各界对就业能力的广泛研究。关于就业能力的定义，学者郑晓明最早提出了自己的观点，他认为就业能力是一种内在的核心自我能力和潜在品质①。此后，众多学者在郑晓明研究的基础上对就业能力的定义进行了进一步的细化。赵颂平等将就业能力视为一种核心素质群，它能够使个体实现就业理想并在社会中实现自我价值②。文少保认为，就业能力是与职业相关的、融入个体身心的综合能力③。宋国学则从可雇佣性的角度，指出就业能力涵盖了获得、维持和重新就业的能力，以及在工作岗位上取得优异绩效的素质④。

早期对就业能力的理解相对局限，多聚焦于获取工作的基本技能。然而，随着时代的变迁和社会经济环境的复杂演变，学者们从不同视角对就业能力展开剖析，使其内涵不断丰富和完善。

学者李政强调，就业能力是一个贯穿个体终身学习的持续过程，它绝非仅仅着眼于成功觅得工作这一单一结果，而是对个人内在品质、知识体系以及多元技能的综合且全面的呈现。这意味着就业能力并非在个体大学毕业或踏入职场时就已定型，而是在个体的整个职业生涯中，通过不断学习、实践与反思得以持续发展和提升。个人品质涵盖了坚韧不拔的毅力、积极主动的态度、自我驱动力等，这些内在特质是支撑个体在职业生涯中克服困难、追求进步的关键要素；知识体系不仅包括专业领域的知识，还涉及跨学科知识、行业前沿动态等，以满足日益多元化和创新化的职场需求；多元技能则囊括了沟通协作、问题解决、批判性思维等通用技能，以及与特定职业相关的专业技能。

贾利军和管静娟另辟蹊径，从个性心理特征的独特视角出发，认为就业能力是个体适应不同工作场所需要的通用能力⑤。这种通用能力并非针

① 郑晓明. “就业能力论” [J]. 中国青年政治学院学报，2002 (3)：91-92.

② 赵颂平，赵莉. 论大学生就业能力的发展 [J]. 教育与职业，2004 (2)：65-66.

③ 文少保. 基于人才强国战略的我国大学生就业能力开发策略研究 [J]. 现代大学教育，2006 (1)：101-108.

④ 宋国学. 基于可雇佣性视角的大学生职业能力结构及其维度研究 [J]. 中国软科学，2008 (12)：129.

⑤ 贾利军，管静娟. 大学生就业能力的全息分析 [J]. 中国大学生就业，2010 (S1)：22-24.

对某一特定工作场景或岗位，而是基于个体的个性心理特征所衍生出的、能够灵活应对各类职场环境的能力集合。例如，具备较强情绪稳定性的个体，在面对高强度工作压力和复杂人际关系时，能够保持冷静、理性应对；具有高开放性个性的个体，更容易接受新观念、新方法，在创新驱动的工作环境中更具优势。这种从个性心理维度对就业能力的解读，为理解个体在不同职场环境中的适应性提供了新的思路。

龚勋和蔡太生则进一步深入挖掘就业能力的多重内涵，指出其包含职业胜任力、知识、技术、判断力、态度与行为等多个关键要素①。职业胜任力是个体能够胜任特定职业岗位的综合能力体现，它涉及对工作职责的理解、任务的执行能力以及达成工作目标的效率等；知识不仅有专业知识，还包括行业知识、管理知识等；技术涵盖了专业技术以及数字化技术等现代职场必备技能；判断力则体现在面对复杂工作情景和决策问题时，个体能够基于理性分析和经验做出准确判断；态度与行为反映个体对待工作的积极程度、责任心以及团队合作精神等。这些要素相互交织、协同作用，共同构成了就业能力的丰富内涵。

此外，部分学者对就业能力下定义时，着重强调其对于职业的广泛适应性。他们将就业能力定义为一种在不同环境下都能良好适应的通用能力。这种能力具有高度的稳定性和灵活性，不随工作环境和岗位的变动而轻易改变。当个体面临职业岗位变动或所在劳动组织变更等外在环境变化时，凭借其持续更新的知识与技能储备，能够迅速在新环境中重新找准自身定位，进而成功获取另一份合适的工作，避免被不断变化的就业环境淘汰。这一观点充分体现了就业能力在不同职业场景和变化情景下的广泛适用性和强大适应性，凸显了持续学习和能力更新在维持就业能力中的重要性。

从各学者对其概念界定来看，就业能力涵盖了初始就业能力和未来胜任能力两大范畴，这是一个综合性、多维度的概念，包括理论知识、实践技能、个人素质等多个方面。国际劳工组织（International Labour Organization，ILO）定义就业能力为一个具有很强综合性的概念，不仅涉及对现有工作的保持能力，还包含从工作中学习提升的能力与应变能力，是个体获得和保持工作、在工作中进步以及应对工作生活中出现的变化的能力。

---

① 龚勋，蔡太生. 大学生就业能力：要素、结构与培育路径 [J]. 江苏高教，2018 (1)：91-94.

二、大学生就业能力

在探讨大学生就业能力这一话题时，从思想政治教育角度出发进行研究，能为我们理解其本质与内涵提供全新且深刻的视角。

大学生就业能力的本质，是在主客体相互作用过程中外化呈现的人格特质。从心理学层面来看，能力属于心理特征的范畴，这种心理特征是个体在长期生活与实践中表现出的稳定且常见的心理特点。而实践活动的开展，往往以某种中介为桥梁，实现客体与主体之间的相互作用，最终达成对客观世界的改造。大学生在校园学习、社会实践、职场实习等各类活动中，与外界环境、知识体系、人际交往等客体产生交互，在此过程中，他们所具备的就业能力逐渐以人格特质的形式外化。

从思想政治教育视角深入探究，大学生就业能力的本质属性涵盖思想道德素养以及品德本身所蕴含的能力。思想道德素养是大学生价值观、道德观、社会责任感等方面的综合体现，它如同基石，支撑着大学生在就业过程中的行为选择与职业操守。例如，具备良好思想道德素养的大学生，在求职时更注重诚信，不会夸大自身能力或伪造简历；在工作中，能秉持敬业精神，认真负责地完成各项任务。而品德本身的能力，则是将内在的道德认知转化为实际行动的能力，这种能力虽通过多样化的方式和形式外化为具体的就业行为，却深刻反映出大学生的真实道德品质。思想政治教育的有效开展，对大学生就业能力的培养具有不可忽视的积极意义。学校在培养大学生积极品质的过程中，除了传授基本的专业技能和求职技能外，更要牢牢抓住大学生思想品德及人格取向的塑造与提升这一核心要点。学校通过开展思想政治教育课程、组织社会实践活动、树立榜样模范等方式，引导大学生树立正确的价值观和职业观，培养他们的团队合作精神、奉献精神和创新精神，从而全方位促进大学生就业，助力他们成长为社会主义建设者和接班人。

需要明确的是，大学生就业能力概念与劳动者就业能力概念存在显著差异。国际劳工组织将就业能力定义为个体获得和保持工作、在工作中取得进步以及应对工作生活中各类变化的能力。这一定义更侧重于劳动者在整个职业生涯中的综合能力表现。然而，大学生就业具有其独特的阶段性，主要集中在大四到毕业后的六个月这一关键时期。从思想政治教育层面考量，大学生就业能力更聚焦于大学生个体获得就业机会的能力。这是因为在这一阶段，大学生面临从校园到职场的关键转变，他们的首要任务是成功踏入职场，获得就业机会。在这一过程中，思想政治教育能够帮助大学生调整就业心态，树立正确的就业目标，增强他们在求职过程中的自信心和竞争力。

大学生就业能力这一概念，绝非简单的单一能力集合，而是一个结构复杂、层次丰富的复合型能力体系。从宏观层面来看，大学生就业能力既涵盖了大学毕业生在求职阶段实现顺利就业、充分就业所必备的各类能力素质，同时也包含了他们在成功入职后，能够在未来漫长的职业生涯中有效保住工作岗位，并且实现职业的可持续发展以及专业化发展的关键能力。从微观维度剖析，大学生就业能力主要包含以下几个重要方面：

（1）通用技能。这是大学生在日常学习、生活以及未来职场中都不可或缺的基础能力。比如良好的沟通表达能力，让大学生无论是面对面交流还是书面沟通，都能清晰、有条理地表达自己的观点与想法；熟练的计算机操作技能，让大学生能够适应数字化办公环境，高效完成各类办公任务。

（2）核心素质。比如强烈的责任心，驱使大学生在工作中认真负责、尽心尽力；卓越的学习能力，让大学生能够快速掌握新知识、新技能，以应对不断变化的职场需求；强大的适应能力，让大学生能够迅速融入新的工作环境，灵活应对各种突发情况。

（3）职业潜能。职业潜能指的是大学生在特定职业领域所具备的潜在发展能力，这种能力需要通过专业学习、实践锻炼等方式不断挖掘与激发，助力他们在擅长的职业方向上不断深耕，实现职业晋升。

（4）职业人格。职业人格涵盖了职业价值观，即大学生对职业的价值判断与追求；积极向上的职业态度，对待工作充满热情、勇于担当，愿意为职业发展付出努力。

（5）领导素质。领导素质包括出色的决策能力，在面对复杂问题时能够迅速分析、果断决策；优秀的组织协调能力，能够合理调配资源，带领团队高效完成任务。

（6）团队素质。团队素质包括出色的团队协作能力，懂得在团队中发挥自身优势，与团队成员相互配合、共同进步；高超的人际交往能力，能够与同事、上级及客户建立良好的合作关系。这些能力维度由多达33个要素相互交织、共同作用，深刻影响着大学生的就业进程与职业发展轨迹。

若要切实促进大学生实现就业，就需要有针对性地着重提升上述维度中的关键能力。在通用技能方面，强化沟通表达能力，能让大学生在求职面试时自信展示自我，在未来职场交流中准确传达信息，避免因沟通不畅导致工作失误。提升核心素质里的学习能力，能帮助大学生快速适应日新月异的职场环境，随时掌握新的工作技能与知识，保持自身的竞争力。深度挖掘职业潜能，使大学生能够在适合自己的职业领域深入发展，实现个人价值与职业价值的最大化。精心塑造良好的职业人格，让大学生以积极的职业态度和正确的职业价值观对待工作，有效提升工作满意度与职业忠诚度。大力培养领导素质与团队素质，让大学生无论是在团队合作中发挥积极作用，还是在未来承担领导角色时，都能充分展现自身才能，带领团队取得优异成绩。

综上，大学生就业能力是大学生个体在校期间通过系统学习和丰富实践所习得的，为获得就业机会所应具备的专业就业能力、就业人格取向、社会应对能力和就业发展能力等多方面外化出来的人格特质的总和。它是一种高度综合的能力，既包含个人通过学习积累所形成的人力资本价值，如专业知识、技能水平等，又涵盖将这些人力资本价值转化为实际就业竞争力的能力，如良好的沟通能力、适应能力、问题解决能力等。这种综合能力对大学生的生存与发展起着至关重要的作用，直接关系到他们能否顺利开启职业生涯，在社会中实现自身价值。深入理解大学生就业能力的内涵与本质，对于高校开展针对性的教育教学活动、提升大学生就业质量具有重要的理论与实践指导意义。

人的能力体系丰富多样且极具动态性。从能力的多样性来看，一个人所具备的能力涵盖认知、社交、操作等多个维度，种类繁多。以日常生活为例，在学习过程中，我们运用逻辑思维能力去理解复杂的理论知识，凭借记忆力去记住重要的信息；在社交场合，沟通能力、人际交往能力帮助我们与他人建立良好的关系；在工作实践中，专业技能、问题解决能力等则发挥着关键作用。而且，随着时间的推移和个人经历的增加，能力也在不断发展演变。一个人在初入职场时可能仅掌握基础的工作技能，但随着工作经验的积累、学习新知识以及参与各类培训，其专业能力会得到显著提升，同时还可能培养出领导能力、创新能力等新的能力。

此外，多种能力并非孤立存在，而是相互协调，共同构成一个复杂的系统。这种协调性体现在不同能力之间相互促进、相互制约。例如，良好的沟通能力有助于获取更多的信息，从而为解决问题提供更丰富的思路，提升问题解决能力；而较强的问题解决能力又能增强自信心，进一步促进社交能力的发展。能力是在特定环境中，为实现一定目的而集合的人的各种特质，它不是简单的能力相加，而是一个有机统一的整体。在一场商务谈判中，谈判者需要综合运用语言表达能力、逻辑思维能力、应变能力以及对市场信息的把握能力等，这些能力相互配合，共同服务于达成谈判目标这一目的，任何一种能力的缺失或不足都可能影响谈判的结果。

大学生就业能力作为能力体系中的一个特定范畴，是与就业相关的多层次能力集群，其概念本身具有显著的整合性，是指与获得工作相关的复合能力，具有以下显著特征。

（1）综合性。大学生就业能力并非单一能力的体现，而是由多个层面的能力相互融合构成的。①专业知识技能，这是大学生在其所学专业领域从事相关工作的基础，例如医学专业学生的临床诊断技能、机械工程专业学生的机械设计与制造能力等。②通用能力，如沟通表达能力，使大学生在求职面试和职场交流中能够清晰传达自身想法，在团队协作中顺畅沟通。③团队协作能力，能让大学生融入团队，发挥各自优势完成任务。④学习能力，帮助大学生不断适应新知识、新技能的需求。⑤职业素养，包括职业道德、职业态度、职业价值观等，这些素养确保大学生在职业生涯中遵守职业规范、保持积极工作态度。

（2）发展性。大学生就业能力不是一成不变的，而是随着大学生的学习、实践和个人成长不断发展的。在大学期间，通过系统的专业课程学习，大学生的专业知识和技能逐步积累和深化；参与社团活动、社会实践项目，能锻炼他们的沟通、组织、团队协作等通用能力；实习经历则让大学生接触真实职场环境，了解行业动态和职业要求，进一步提升职业素养和就业能力。进入职场后，随着工作经验的积累和行业的发展变化，大学生就业能力还会持续提升和拓展，例如从初级岗位的基础技能向高级岗位的综合管理、创新能力转变。

（3）差异性。不同专业、不同性格、不同经历的大学生，其就业能力存在明显差异。从专业角度看，理工科专业大学生在逻辑思维、数据分析、技术操作等方面能力相对突出，适合从事技术研发、工程设计等工作；文科专业大学生则在文字表达、沟通协调、文化理解等方面更具优势，更适合从事文案策划、市场营销、教育等职业。个人性格也会影响就业能力的发展方向，性格开朗、善于社交的大学生在销售、公关等岗位上可能表现出色；而性格沉稳、专注细节的大学生在财务、科研等领域更能发挥长处。此外，参与过丰富社会实践、实习经历多样的大学生，在实际问题解决和职场适应能力上往往优于缺乏相关经历的学生。

（4）实践性。大学生就业能力的形成和提升离不开实践。课堂学习为大学生提供了理论基础，但只有通过实践活动，如实验室操作、企业实习、项目实践等，才能将理论知识转化为实际工作能力。在实践中，大学生能够了解行业实际需求，掌握工作流程和操作技能，积累解决实际问题的经验，提升自身的就业竞争力。例如，计算机专业学生通过参与实际项目开发，不仅能巩固所学编程知识，还能学会如何在团队中协作、如何应对项目中的突发问题，这些实践经验对他们未来就业至关重要。

三、新时代对大学生就业能力的要求

党的十九大报告提出了中国发展新的历史方位：中国特色社会主义进入了新时代①。党的二十大报告指出当前的全球格局是“世界百年未有之大变局加速演进，新一轮科技革命和产业变革深入发展，国际力量对比深刻调整，我国发展面临新的战略机遇”②。在科技飞速发展、社会经济格局深刻变革的时期，大学生就业能力面临着全方位的挑战与重塑，呈现出一系列新的要求，这些要求紧密贴合时代发展脉搏，对大学生的职业发展起着关键作用。

（一）通用技能的深化与拓展

数字化协作能力。随着远程办公和线上协作的常态化，各类在线办公软件如钉钉、飞书，视频会议工具如腾讯会议、Zoom，以及团队协作平台Trello、Asana等被广泛应用。大学生需要熟练掌握这些工具的使用技巧，例如利用在线文档实现多人实时协作编辑，通过视频会议进行高效的项目沟通，运用团队协作平台合理安排任务与跟踪进度，确保信息在不同地区、不同团队间的高效传递与共享。

---

① 习近平．决胜全面建成小康社会 夺取新时代中国特色社会主义伟大胜利［N］．人民日报，2017-10-18（01）．

② 习近平．高举中国特色社会主义伟大旗帜 为全面建设社会主义现代化国家而团结奋斗［N］．人民日报，2022-10-26（01）．

数据素养。大数据时代，数据处理与分析能力成为通用技能的重要组成部分。大学生要学会使用 Excel、Python 等工具进行数据收集、整理、分析与可视化呈现。以市场营销专业为例，学生可以通过分析消费者行为数据，精准定位目标客户群体，制定更有效的营销策略；另如金融专业学生，他们能够分析金融市场数据，预测市场趋势，为投资决策提供依据。

（二）核心素质的强化与创新

创新思维与批判性思维。在创新驱动发展的时代背景下，传统的学习方式和思维模式已难以满足需求。大学生要学会从不同角度思考问题，敢于质疑现有观点，提出创新性解决方案。例如，在科技创新领域，大学生可以通过参加创新创业大赛，运用所学知识，开发具有创新性的产品或服务，如智能环保设备、基于人工智能的教育辅助工具等，以适应快速变化的行业环境和不断升级的市场需求。

心理调适能力。复杂多变的职场环境给大学生带来了更大的工作压力与挫折，具备良好的心理调适能力，能够保持积极乐观的心态至关重要。大学生可以通过参加心理健康课程、心理咨询服务以及体育锻炼等方式，提升自己的心理韧性，应对工作中的挑战与压力，如面对项目失败时能够迅速调整心态，总结经验教训，重新出发。

（三）职业潜能的跨领域挖掘

跨学科学习。新时代产业结构不断调整，新兴职业不断涌现。大学生需要打破专业壁垒，进行跨学科学习。例如，人工智能与医疗领域的融合催生了医疗影像识别、智能诊断等新兴职业，医科专业学生可以学习人工智能相关知识，掌握图像识别算法在医疗影像分析中的应用；文科专业学生也可以通过学习选修课程、参加培训等方式，掌握数据分析、编程等技能，拓宽自己的职业选择范围，从事数据新闻、数字化营销等工作。

行业动态关注。大学生还需要关注新兴行业的发展动态，及时捕捉职业机会。例如，随着新能源汽车行业的崛起，与之相关的电池技术研发、自动驾驶技术测试、新能源汽车销售与售后服务等岗位需求大增，大学生可以通过参加行业研讨会、关注行业媒体、实习等方式，了解行业发展趋势，挖掘自己在这些领域的职业潜能。

（四）职业人格的时代契合

社会责任意识。绿色发展、社会责任等理念在新时代深入人心，大学生在职业选择和发展中，需要将个人职业价值观与社会发展需求相结合。

许多企业将可持续发展纳入战略规划，大学生可以选择从事环保、公益等领域的工作，如参与环保组织的项目，推动企业的绿色生产、节能减排等工作；在求职时，关注企业的社会责任履行情况，优先选择具有良好社会形象的企业，实现个人价值与社会价值的统一。

终身学习理念。新时代，知识更新速度加快，大学生需要树立终身学习理念。在职业生涯中，大学生需要不断学习新知识、新技能，适应职业发展的变化。例如，从事软件编程工作的大学生，需要持续学习新的编程语言、框架和开发工具，以保持自己的竞争力。

（五）自身素质的国际化提升

国际视野与跨文化沟通。在全球化竞争的背景下，具备国际化视野成为领导素质的重要组成部分。大学生可以通过参加国际交流项目、海外实习、学习国际商务课程等方式，了解不同国家和地区的文化、市场和商业规则，掌握跨文化沟通技巧。例如，在跨国团队协作中，大学生需要尊重不同文化背景成员的工作方式和习惯，避免文化冲突，促进团队的高效协作；在国际业务拓展中，大学生需要准确把握不同国家市场的需求特点，制定合适的市场策略。

全球问题解决能力。新时代，大学生需要关注全球性问题，如气候变化、公共卫生、能源危机等，培养解决全球问题的能力。大学生可以参与相关的国际科研项目、志愿服务活动，运用自己的专业知识，为解决全球性问题贡献力量，提升自己在国际舞台上的影响力。

（六）团队素质的多元化融合

文化包容与多元协作。在多元化的团队环境中，大学生需要具备更强的文化包容能力，尊重不同背景团队成员的差异，包括文化、性别、年龄等方面的差异，学会倾听不同意见，充分发挥团队成员的优势，促进团队的和谐与高效运作。例如，在一个跨国团队中，来自不同国家的成员可能具有不同的工作节奏和沟通风格，大学生要学会理解和适应这些差异，共同完成项目任务。

团队创新与知识共享。我们应鼓励团队成员之间的知识共享与创新合作，通过头脑风暴、经验分享会等方式，激发团队的创新能力和竞争力。例如，在一个设计团队中，不同专业背景的成员可以分享各自的设计理念和技巧，共同打造更具创新性的设计作品。

综上，新时代对大学生就业能力提出了全方位、多层次的要求。大学生只有不断提升自身能力，适应时代发展需求，才能在激烈的就业竞争中脱颖而出，实现自己的职业理想和人生价值。高校也应根据这些新要求，调整教学内容与教学方式，培养出更多适应新时代需求的高素质人才。

第二节　研究背景与研究意义

一、研究背景

美国著名学者伯顿·克拉克曾指出："要是近代大学是一座知识的动力站，那么一个国家的发达的高等教育系统就是一个规模大了很多倍的智慧力量的中心。"① 从这一观点不难看出，高等教育系统在国家发展进程中占据着举足轻重的地位。高等教育的发展程度，直接关乎国家高层次人才的数量与质量。在未来社会的发展格局中，国家之间的竞争归根结底是人才的竞争，人才的发展状况决定着国家社会经济发展的速度。当下，各国政府纷纷将培养高素质人才列为重要战略目标，而优化高等教育结构、提升教育水平，正是达成这一目标的主要路径。

美国学者马丁·特罗将高等教育发展划分为精英化、大众化和普及化三个阶段，以数量和质量作为测量标准②。当一个国家大学适龄青年中接受高等教育者的比率在 15%（不含）以下时，属于精英高等教育阶段；15%~50%（不含）为大众化高等教育阶段；50%以上为普及化高等教育阶段。从质量标准来看，普及化高等教育阶段将更加开放、多元、包容、个性。这种划分为高等教育发展水平提供了一种衡量标准。

结合我国高等教育发展史，20 世纪 90 年代末，中国经济发展面临转型和调整，国有企业改制导致大量下岗工人进入就业市场，且当时社会上未接受大学教育的适龄青年提早进入劳动力市场，就业矛盾突出，高等教育资源相对稀缺，大学生数量远低于同等发展水平的国家，社会潜藏着巨大的教育需求，民众有接受高等教育的强烈意愿。为缓解就业压力、拉动内需、促进经济增长，以及提高国民素质，教育部于 1998 年出台《面向

---

① 克拉克. 高等教育系统［M］. 王承绪，等译. 杭州：杭州大学出版社，1994：66.

② 巴特尔，赵志军. 民族地区高等教育普及化进程及其影响因素研究：基于 1998-2018 年省际数据的实证分析［J］. 国家教育行政学院学报，2020（7）：12-23.

21 世纪教育振兴行动计划》，提出“到 2010 年高等教育毛入学率接近 15%”。1999 年 1 月 13 日，国务院批准转发了教育部提出的《面向 21 世纪教育振兴行动计划》。这一计划正式拉开了高校扩招的序幕，使得数十万名考生得以跨入高校大门，也使中国高等教育迈入发展的快车道。同年 6 月 13 日，中共中央、国务院颁布了《中共中央 国务院关于深化教育改革全面推进素质教育的决定》，这是为加快实施科教兴国战略作出的重大决策，此后高校招生数量快速增长。

经过连续扩招，中国高等教育毛入学率迅速提高。2002 年，我国高等教育毛入学率达到 15%，高等教育从精英教育阶段进入大众化阶段。2008 年后，教育部表示 1999 年开始的高考扩招过于急躁并逐渐控制扩招比例。然而在 2009 年全球金融风暴的背景下，教育部开始了研究生招生比例的调节。之后教育部曾发布意见，明确公办普通高校本科招生规模将保持稳定。2019 年，中国高等教育毛入学率达到 51.6%，在校生规模达 4 002 万人，越过 50%这一关键节点，实现高等教育大众化到高等教育普及化的历史性“转段”，同时也实现了《国家中长期教育改革和发展规划纲要(2010—2020 年)》提出的“2020 年高等教育毛入学率达到 40%、高等教育在学总规模达到 3 550 万人”的目标。2023 年，我国高等教育毛入学率达 60.2%，各种形式的在学总规模 4 763.19 万人，高等教育普及化程度不断提升，达到了较高的普及阶段，具体如图 1-1 所示。这使得我国提前完成了“十四五”规划中设定的“高等教育毛入学率提高到 60%”的目标。

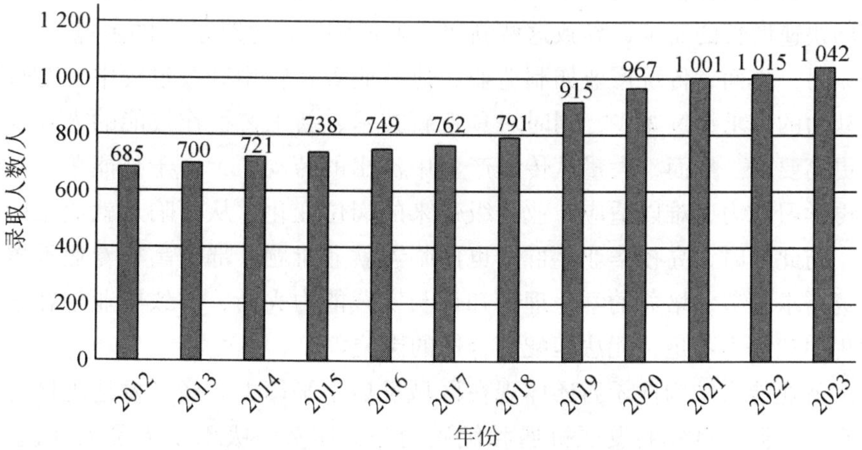

图 1-1 2012—2023 年我国高考录取人数

但是，随着我国高等教育规模的不断扩大，高校大学生在就业层面遭遇了一系列前所未有的复杂局面与严峻问题。

（一）宏观背景：就业形势与经济环境

在全球经济一体化进程加速以及第四次工业革命浪潮的推动下，全球经济结构正经历着深刻的变革与重塑，产业转型升级的步伐不断加快。这一趋势使得就业市场对人才的需求结构发生了显著变化，对具备高学历、跨学科知识以及创新实践能力的高素质人才的渴求愈发强烈。

然而，经济发展并非一帆风顺，经济周期的波动、新兴技术的快速迭代以及产业结构的动态调整，共同加剧了就业市场的竞争态势。特别是高校毕业生群体，在当前的就业环境下面临着前所未有的挑战。以近年来的数据为例，高校毕业生规模呈现出持续攀升的趋势，2025 年更是将达到 1 222 万人的历史峰值。庞大的毕业生数量与有限的优质就业岗位之间形成了鲜明的反差，就业供需矛盾日益尖锐，成为亟待解决的社会问题。在此复杂背景下，提升大学生就业能力，无疑成为缓解就业压力、优化人力资源结构、促进经济社会可持续发展的关键路径。

（二）现实问题：就业能力结构性矛盾

一方面，随着产业结构的深度调整与升级，新兴产业如人工智能、新能源、生物医药等领域蓬勃发展，对掌握前沿技术和具备跨学科知识的高端人才需求极为旺盛，这些岗位不仅要求从业者具备扎实的专业理论基础，还要拥有丰富的实践操作经验和创新思维能力。但由于教育体系与产业需求的对接存在一定滞后性，相关专业人才的培养规模和质量难以满足市场快速增长的需求，导致这些新兴产业面临“一才难求”的困境。

另一方面，传统产业如制造业、建筑业等在转型升级过程中，对普通劳动力的需求持续减少，同时对具备新技术、新工艺操作技能的人才提出了更高要求。然而，大量从传统产业中流出的劳动力，由于技能单一、缺乏再学习能力，难以适应产业升级带来的岗位变化，从而陷入就业难的困境。与此同时，高校毕业生群体也面临着就业难题，部分高校专业设置与市场需求脱节，培养的学生理论知识与实践能力失衡，导致毕业生在求职过程中竞争力不足，无法匹配到合适的岗位。

就业能力结构性矛盾还体现在区域发展不平衡上。经济发达地区凭借丰富的资源、良好的发展机遇和优质的公共服务，吸引了大量人才流入，就业竞争激烈；而经济欠发达地区由于产业基础薄弱、就业机会有限，人才流失严重，进一步加剧了区域间就业能力的差距。这种结构性矛盾不仅影响了劳动者的个人发展和家庭收入，也对社会稳定和经济的均衡发展造成了不利影响。解决就业能力结构性矛盾，需要政府、企业、高校和社会各方协同合作，共同发力。

（三）教育改革与政策驱动

为有效应对上述问题，国家从战略高度出发，出台了一系列具有针对性的政策文件，如《关于深化高等学校创新创业教育改革的实施意见》《“十四五”就业促进规划》等。这些政策文件明确提出，要全面深化高等教育改革，强化实践教学环节，大力提升大学生的就业能力和创新创业能力。

在政策的引导下，各高校积极响应，主动探索校企合作、产教融合等人才培养新模式。通过与企业建立紧密的合作关系，高校能够及时了解行业的最新需求和发展趋势，从而优化课程设置，调整教学内容。同时，高校还通过组织学生参加实习实训、开展职业指导课程、举办创新创业大赛等多种方式，增强学生的实践能力和职业素养。例如，高校与企业共建实习实训基地，每年定期安排学生到企业进行实习，让学生在实际工作中积累经验，提升专业技能；同时，高校还邀请企业高管和人力资源专家为学生开展职业指导讲座，帮助学生明确职业目标，制定合理的职业规划。

综上所述，从当下复杂多变的社会环境，到就业能力结构性矛盾突出的现实情况，无不深刻揭示出提升高校学生就业能力的紧迫性与重要性。这不仅关系到高校学生个人的职业发展与未来前景，更在宏观层面上，对优化人力资源配置、促进经济社会的稳定与可持续发展起着关键作用。只有切实提升高校学生就业能力，才能有效缓解就业市场的供需矛盾，使人才培养与社会需求紧密契合，为社会发展注入源源不断的活力。

二、研究意义

在当今竞争激烈的就业市场中，大学生作为国家未来发展的重要人才储备，其就业能力不仅关系到个人的职业发展和生活质量，也对高校的教育质量、企业的人才需求以及社会的稳定与发展产生深远影响。然而，当前大学生就业形势依然严峻，就业能力不足成为制约大学生顺利就业的关键因素。因此，深入研究大学生就业能力提升具有重要的现实意义和理论价值。

（一）促进个人职业发展

1. 增强就业竞争力

在竞争激烈的就业市场中，拥有良好就业能力的大学生宛如熠熠生辉的明珠，能够轻松从众多求职者中脱颖而出。扎实的专业知识是大学生立足职场的根基，熟练的实践技能则是大学生将理论转化为实际价值的有力工具，而良好的沟通能力、团队协作能力以及创新能力，更是大学生披荆斩棘、开拓职业道路的利刃。以计算机专业招聘为例，企业的要求早已不再局限于编程语言、算法等基础知识的掌握。在实际招聘过程中，企业十分注重应聘者是否拥有丰富的项目实践经验，以及面对复杂问题时能否迅速提出有效的解决方案。这是因为在实际的项目开发中，会不断涌现各种棘手的难题，只有那些参与过实际项目开发、具备较强实践能力的大学生，才能凭借在实践中积累的经验和技巧，迅速适应企业的工作节奏，为企业创造价值。所以，这类大学生往往更能获得企业的青睐，从而显著增加就业机会，极大地提高就业质量。拥有良好就业能力的大学生，在就业市场上不仅拥有更多选择，还能进入更优质的企业，获取更具发展潜力的岗位，为个人职业发展奠定坚实基础。

2. 实现职业目标与自我价值

就业是大学生步入社会、实现自我价值的重要途径。明确的职业目标是个人职业发展的方向，而提升就业能力是实现职业目标的重要途径。通过对就业能力的培养，大学生能够更好地了解自己的兴趣、优势和职业定位，从而更精准地找到与自身兴趣、专业和职业规划相契合的工作岗位。在合适的工作环境中，他们可以充分发挥自己的专业知识和技能，不断积累实践经验，逐步晋升，实现从基层岗位到更高职业目标的跨越。例如，一名对教育事业充满热情的大学生，可以通过参加教育实习、考取教师资格证等方式提升自己的教育教学能力，最终实现成为一名优秀教师的职业目标。在实现职业目标的过程中，大学生能够充分发挥自己的潜力，为社会做出贡献，实现自我价值，获得成就感和满足感。

3. 提升职业发展潜力

就业能力的提升不仅为大学生顺利就业提供了有力保障，更为其未来职业发展奠定了坚实基础。在充满机遇与挑战的职业生涯中，具备持续学习能力、适应能力和创新能力的大学生能够更加从容地应对职业发展中的各种变化与挑战。以当前科技迅猛发展的时代背景为例，数字化转型正深刻改变着各行各业的发展模式。在这一背景下，那些拥有较强学习能力和适应能力的大学生能够迅速掌握新知识、新技能，及时适应行业发展的新趋势，从而在激烈的职场竞争中脱颖而出，获得更多的晋升机会和职业发展空间。此外，创新能力也是职业发展的重要驱动力，它能够帮助大学生在职场中提出新思路、解决新问题，成为推动行业进步的中坚力量。因此，提升就业能力不仅关乎大学生的当下就业，更对其未来职业发展的广度与深度产生深远影响。

4. 促进个人成长与全面发展

就业能力的提升从长远意义来说是为大学生未来漫长的职业发展铺就了一条坚实且广阔的道路。在职业生涯的漫漫征途中，持续学习能力、强大适应能力以及创新能力，成为大学生从容应对各类挑战与瞬息万变局势的关键法宝。在科技迅猛发展的当下，数字化转型浪潮席卷诸多行业。以互联网行业为例，人工智能、大数据技术的应用日新月异。在这样的背景下，那些具备较强学习能力和适应能力的大学生，能够迅速精准地捕捉并掌握新的知识与技能，他们是行业变革中的弄潮儿，凭借敏锐的洞察力和快速学习的能力，迅速适应行业发展的新需求，在激烈的职场竞争中崭露头角。因此，他们往往能获得更多的晋升契机，拥有更为广阔的职业发展空间，在职业生涯中不断攀升，实现个人价值与职业理想的双重升华。

（二）推动高校教育改革

1. 优化课程设置与教学内容

大学生就业能力提升研究能够为高校课程设置和教学内容的优化提供依据。第一，通过对就业市场需求的分析和研究，高校可以了解到不同行业对人才知识结构和能力素质的要求，从而调整课程设置，使教学内容更加贴近实际工作需求。例如，随着人工智能、区块链、虚拟现实等新兴技术的崛起，高校可以及时推出人工智能伦理与社会影响、区块链技术原理与应用、虚拟现实开发与设计等课程，让学生接触到最前沿的知识，为未来投身新兴产业做好准备。第二，通过对就业市场需求的分析和研究，高校可以打破学科壁垒，构建跨学科课程体系。以环境科学专业为例，高校设置融合化学、生物学、地理学、经济学等多学科知识的生态经济与可持续发展课程，可以使学生从多个角度审视环境问题，培养综合解决问题的能力，满足复杂社会环境下对复合型人才的需求。第三，通过对就业市场需求的分析和研究，高校可以优化教学内容，紧紧围绕市场需求与行业标准，使教学内容具有高度的实用性。对于商科专业，及时引入最新的商业案例与行业数据，如剖析互联网巨头的商业模式创新、新兴消费品牌的崛起路径等，可以让学生在课堂上就能了解到真实商业世界的运作逻辑与竞争态势。第四，通过对就业市场需求的分析和研究，高校可以注重实践教学内容的更新与拓展。例如在工科专业的实践教学中，引入企业实际生产项目，可以让学生参与到产品研发、工艺流程优化等环节，掌握实际操作技能与解决实际问题的能力。

2. 提高教育质量与人才培养水平

大学生就业能力的提升是高校教育质量的重要体现。通过对就业能力提升的研究和实践，高校能够不断完善教育教学体系，摒弃传统的“填鸭式”教学思维，树立以学生为中心的全面发展理念；告别“满堂灌”的陈旧模式，创新学习方式和形式，充分发挥互联网优势，开展线上线下混合式教学；强化教师培养，鼓励教师参加国际学术会议、行业高端培训，深入企业实践，将最新研究成果和行业经验融入课堂；积极引进具有海外学术背景、丰富行业经验的高层次人才，为教学注入新活力，丰富教学内容与方法，并通过定期的教学督导听课、学生匿名评教、教师互评等方式，全方位监控教学过程，及时发现并解决问题；以毕业生的就业竞争力、职业发展成就、社会反馈评价为重要依据，全面评估人才培养效果，据此动态调整专业设置、优化课程体系，使教育教学紧密贴合社会需求，不断提升人才培养质量。这不仅有助于提高高校的社会声誉和竞争力，也为高校的可持续发展奠定坚实基础。

3. 完善就业指导服务体系

为了全面提升大学生就业能力，高校需要不断完善就业指导服务体系，构建全方位、多层次的支持平台。首先，高校应加强就业指导师资队伍建设，通过引进具有丰富行业经验的职业导师、定期开展教师培训、鼓励教师参与企业实践等方式，提升教师的专业素养和实践能力，打造一支既懂理论又懂实践的就业指导队伍。其次，高校应丰富就业指导课程内容，构建涵盖职业规划、求职技巧、职场礼仪、行业动态、创新创业等多维度的课程体系，并结合不同专业特点和学生的个性化需求，提供针对性的指导。此外，高校还应积极开展多样化的就业实践活动，如职业体验日、企业实习、校园招聘会等，为学生创造更多接触职场、了解行业的机会，帮助其将理论知识与实际应用相结合。通过完善就业指导服务体系，高校能够为学生提供更全面、更专业、更个性化的就业指导服务，帮助学生更好地了解就业市场动态，明确职业发展方向，提升就业竞争力，最终实现高质量就业。这不仅有利于学生的个人发展，也为社会输送了更多高素质人才，对促进经济社会发展具有重要意义。

（三）维护社会稳定与和谐

1. 缓解就业压力

大学生就业问题是社会就业问题的重要组成部分，关系到社会稳定、经济发展和民生福祉。大力提升大学生就业能力，推动大学生实现充分就业，对有效缓解社会就业压力有着不可忽视的作用。当大学生凭借出色的就业能力顺利踏入职场，成功实现自身价值，不仅能在工作中获得成就感与满足感，还能极大地提升他们融入社会的程度。这有助于减少因失业滋生的一系列社会问题，比如长期失业引发的心理压力，可能导致的焦虑、抑郁等负面情绪，甚至是因失业引发的社会不稳定因素，像社会治安隐患、社会矛盾激化等。以部分经济欠发达地区为例，当地积极组织就业培训，联合高校、企业开展专项就业提升计划，为大学生提供创业指导、专业技能培训等服务，提升大学生就业能力。不少大学生因此选择返乡创业或就业，他们运用所学知识，带来新的技术和理念，有的投身特色农业，利用电商平台拓宽农产品销售渠道；有的发展乡村旅游，带动当地基础设施建设和服务业发展。这不仅解决了大学生自身的就业难题，还为当地经济发展注入了新鲜血液，带动了产业发展，创造了更多就业岗位，形成良性循环，有力地促进了社会的和谐稳定。

2. 促进社会公平与和谐

大学生的就业状况与社会的和谐稳定紧密相连，其重要性不言而喻。当大学生凭借自身能力顺利步入职场，获得稳定的收入，生活得到切实保障，他们便能自然且顺利地融入社会，积极参与社会建设，以自身的努力和贡献为社会的有序运转添砖加瓦，极大地减少社会不稳定因素的滋生。相反，倘若大量大学生面临失业困境或就业困难，一系列棘手的社会问题便可能接踵而至。失业意味着失去经济来源，这极有可能将大学生推向贫困的深渊，生活的窘迫与压力之下，部分人可能会因心理失衡而误入歧途，导致犯罪率上升，进一步加剧社会矛盾，破坏社会的和谐稳定。因此，全方位提升大学生就业能力，全力以赴促进大学生充分就业，无疑是维护社会秩序、促进社会和谐稳定的关键之举。这不仅能有效缓解就业压力，更能从根源上减少社会不安定因素。值得一提的是，大学生就业所带来的积极影响远不止于此，就业后的大学生能够凭借稳定的收入改善家庭经济状况，为家庭带来新的希望与活力，同时，他们在工作岗位上创造价值，推动企业发展，带动相关产业的进步，从而促进整个社会的发展，形成家庭、社会协同发展的良好循环。

3. 优化人力资源配置

提升大学生就业能力，是实现人力资源优化配置的关键举措。大学生作为社会发展的新生力量，当他们具备出色的就业能力时，便能精准洞察自身优势与社会需求，凭借清晰的职业规划，在广阔的就业市场中做出合理的职业与岗位选择。这一过程如同精密齿轮的有序啮合，促使人才在各个行业、不同领域实现科学分布。此举不仅有效规避了因盲目择业导致的人才浪费与错配现象，还大幅提高了人力资源的利用效率，让社会各行业都能充分汲取高素质人才带来的养分，实现蓬勃发展，进而推动社会经济的发展。新兴产业在创新型人才的推动下快速崛起，传统产业在注入新鲜血液后实现转型升级，进而推动社会经济的协调共进，让整个社会在人才的驱动下迈向高质量发展的新阶段。

（四）推动社会经济可持续发展

大学生作为高素质人才群体，已然成为国家社会经济可持续发展的中流砥柱。他们凭借扎实的专业知识和创新思维，在各自的工作岗位上发光发热，创造出巨大的价值。在产业领域，大学生积极投身新兴产业的开拓与传统产业的革新，以科技创新为驱动，推动产业结构向高端化、智能化、绿色化迈进，促使经济增长方式从粗放型向集约型转变，为经济的高质量发展注入源源不断的活力。与此同时，大学生充分运用自身所学知识和技能，踊跃参与到社会公共事务中，成为推动社会事业发展的关键力量。在教育领域，一批又一批大学生怀揣教育梦想，投身基层教育事业，他们带来了先进的教育理念和多样化的教学方法，激发学生的学习兴趣与潜能，有效提高教育质量，为国家培养出更多德智体美劳全面发展的优秀人才。在环保领域，大学生凭借专业知识，积极参与环保技术的研发，从资源循环利用技术的创新，到新能源在环保设备中的应用探索，都有他们活跃的身影，有力地推动了环保事业的进步，为可持续发展贡献力量。正是通过大学生在各个领域的不懈努力，国家得以在经济、社会和环境之间寻得平衡，实现全方位的协调发展，保障社会经济的可持续繁荣。

（五）推动科技创新与产业升级

1. 提供科技创新人才支持

科技创新作为推动社会发展的核心动力，是引领时代进步的关键力量，而人才则是驱动科技创新的根本要素。在新时代背景下，大力提升大学生就业能力，着力培养具有创新精神和创新能力的高素质大学生群体，能够为科技创新源源不断地输送人才。在高校这一人才培养的关键阵地，丰富多样的教育实践活动成为培育大学生创新能力的摇篮。通过积极开展科研项目，鼓励大学生参与到前沿的科学研究中，让他们在实践中探索未知、解决难题，不断积累科研经验，提升科研能力。同时，各类学术竞赛的举办，为大学生提供了展示才华、交流思想的平台，激发他们的创新思维，促使他们在竞争中不断突破自我。当这些在高校中得到锻炼的大学生毕业后，他们凭借扎实的专业知识和突出的创新能力，活跃在科研机构、企业等各个单位，成为科技创新的主力军。在科研机构，他们深入钻研基础科学，探索前沿理论，可能在人工智能、量子计算等关键领域取得突破性进展，推动科技前沿的拓展；在企业，他们将创新理念融入产品研发与生产流程，以科技创新提升企业核心竞争力，助力企业在市场竞争中脱颖而出。通过不懈努力，他们为国家的科技进步注入蓬勃动力，推动国家在全球科技竞争中占据优势地位，进而实现社会的持续发展与全面进步。

2. 促进科技成果转化与应用

在提升就业能力的艰辛历程中，大学生不仅成功构建起扎实的专业知识体系，熟练掌握前沿的创新技能，更是逐步具备了将科技成果转化为实际生产力的关键能力。产学研合作作为一座关键桥梁，为大学生提供了将所学知识落地实践的广阔平台。大学生通过参与产学研合作项目，能够精准把握企业的生产需求，将自身的科研成果与企业实际需求紧密相连。例如，众多高校与企业携手建立研发中心，大学生凭借自身扎实的专业素养，积极投身其中。他们在研发中心里深入钻研，将自己在学术领域的研究成果巧妙运用到企业的产品研发和生产流程中。有的大学生基于对新型材料的研究成果，助力企业研发出性能更优的产品；有的大学生运用先进的算法优化生产流程，提高生产效率。这些举措不仅推动了企业的技术创新和产品升级，增强了企业的市场竞争力，还使得科技成果得以从实验室走向市场，真正实现其经济价值和社会价值，为社会的科技进步和经济发展贡献力量。

3. 推动产业升级与结构调整

随着经济全球化和科技进步的加速，产业升级和结构调整已成为不可逆转的时代趋势。在这一背景下，大学生作为社会创新的重要力量，凭借思维活跃、富有创造力的特点，以及掌握先进知识和技术的优势，成为推动产业变革与经济发展的关键群体。提升大学生就业能力，不仅能够帮助他们顺利进入各行业，将理论知识与实践应用紧密结合，更能为行业发展注入新的活力与动力。在工作中，大学生勇于探索、敢于创新，通过引入前沿理念、先进技术和科学方法，推动企业在技术创新、管理优化和产品研发等领域实现突破，从而加速产业升级进程，促进行业的可持续发展。例如，在绿色能源等新兴领域，大学生凭借其创新能力和技术优势，正在成为推动行业变革的中坚力量。因此，提升大学生就业能力不仅是个人发展的需要，更是推动社会发展的需要。

综上所述，大学生就业能力提升研究具有多方面的重要意义。它不仅能够促进个人的职业发展，实现个人的职业目标和自我价值，还能够推动高校教育改革，提升思想政治教育水平和实效，提高教育质量和人才培养水平；同时，对于企业来说，有助于提高人才选拔效率和质量，降低人才培养成本和风险，促进企业创新与发展；从社会层面来看，能够缓解就业压力，促进社会公平与和谐，推动社会经济发展；在科技创新和产业升级方面，为科技创新提供人才支持，促进科技成果转化与应用，推动产业升级和结构调整。因此，加强大学生就业能力提升研究，采取有效措施提高大学生就业能力，是解决大学生就业问题的关键所在，也是促进个人、高校、企业和社会共同发展的必然要求。未来，需要政府、高校、企业和社会各方共同努力，形成合力，为大学生就业能力提升创造良好的环境和条件。

第三节　理论依据

大学生就业能力提升的理论基础可以从多个视角和领域来分析。以马克思主义理论体系为例，它虽然并未形成专门针对就业能力及其培育的系统性论述，但随着机器化大生产的迅猛崛起以及雇佣劳动的广泛出现，劳动、劳动力、就业以及素质培养等相关议题，在马克思与恩格斯的论著中得以充分探讨。他们立足当时资本主义社会的现实状况，把就业问题与劳动分工理论紧密相连，将就业能力培养和人的全面发展深度融合进行研究，深刻剖析了资本主义社会中就业与劳动者能力培养的关键问题。列宁基于社会主义建设的现实情境，提出了社会主义劳动就业理论，清晰阐明了职业能力培养的重要意义，为社会主义国家的就业理论发展提供了重要基石。

一、马克思主义经典理论

马克思主义经典理论以辩证唯物主义和历史唯物主义为方法论根基，不仅揭示了社会发展的客观规律，更从人类解放的维度提出社会进步的根本目标在于实现“人的本质的真正占有”（《1844 年经济学哲学手稿》）。在这一理论框架下，教育与劳动的结合被视为消除异化、促进人全面发展的关键路径。马克思在《资本论》中强调，“未来教育对所有已满一定年龄的儿童来说，就是生产劳动同智育和体育相结合，它不仅是提高社会生产的一种方法，而且是造就全面发展的人的唯一方法”①。这一论断深刻启示我们：新时代大学生就业能力的提升，本质上是对马克思主义“人的全面发展”理论的时代回应——它要求超越单纯技能训练的功利化倾向，通过知识习得、实践创新与社会责任意识的融合，使青年在职业发展中实现主体性建构与社会化大生产的辩证统一，从而为破解结构性就业矛盾提供理论指引。

（一）“人的全面发展”理论

马克思主义以实现人的自由而全面的发展作为根本价值追求，这一崇高目标也是共产主义社会最为显著的根本特征。在经典著作《共产党宣言》里，马克思以深邃的思想和宏大的视野，对未来作了完整且精准的描述：“代替那存在着阶级和阶级对立的资产阶级旧社会的，将是这样一个联合体，在那里，每个人的自由发展是一切人的自由发展的条件。”② 这一振聋发聩的论述，深刻揭示了未来理想社会的本质内涵，强调了个体自由

① 马克思. 资本论：第一卷［M］. 中共中央编译局，译. 北京：人民出版社，2004：207-208.

② 马克思，恩格斯. 马克思恩格斯全集：第一卷［M］. 中共中央编译局，译. 北京：人民出版社，1956：118.

发展与全体社会成员自由发展之间的紧密联系，即个体的充分自由发展是实现社会整体自由发展的前提与基石。

马克思所倡导的人的“全面发展”，是人类发展的终极理想状态，诚如他所言：“人以一种全面的方式，也就是说，作为一个完整的人，占有自己的全面的本质”[①]。人的全面发展相对人的片面发展而言，主要涵盖四个关键维度。

1. 人的需要的全面发展

马克思曾深刻指出，“他们的需要即他们的本性”[②]。人类的生存与发展，既依赖物质基础的支撑，也离不开精神世界的滋养。物质需要作为人类生存的根基，是首要且基础性的。只有在满足基本物质需求的前提下，人类才具备创造历史的可能。因此，马克思明确指出，人类的第一个历史活动便是生产满足这些需求的资料，也就是从事物质生活本身的生产。从人类社会的发展历程来看，在生产力水平较低的阶段，人们主要致力于满足温饱等基本物质需求；而随着生产力的不断发展，人们的需求逐渐向更高层次拓展，如对文化艺术、科学知识、社交互动、自我实现等精神层面的需求日益增长。这种从物质到精神的全面需求发展，是人类不断进步的生动体现。

2. 人的能力和素质的全面发展

人的能力是人的本质力量的外在彰显，马克思对劳动力的定义为“人的身体即活的人体中存在的、每当人生产某种使用价值时就会运用的体力和智力的总和”[③]。在资本主义发展的特定历史时期，劳动者获得自由，劳动力成为商品，这一变革极大地推动了社会生产力的进步与发展，促进了生产效率的提升和经济的增长。然而，随着社会分工的不断细化以及机器化大生产的持续深入，固定的分工模式逐渐暴露出其局限性，对劳动者能力和素质的全面发展形成了制约。人的能力和素质是一个综合性的范畴，不仅包括身体素质，还涵盖科学文化素质和思想道德素质。例如，在工业革命早期，工厂中的工人往往被局限于单一的生产环节，重复进行简单机

---

① 马克思，恩格斯. 马克思恩格斯选集：第一卷［M］. 中共中央编译局，译. 北京：人民出版社，2012，123.

② 马克思，恩格斯. 德意志意识形态（节选本）［M］. 中共中央编译局，译. 北京：人民出版社，2018.

③ 马克思，恩格斯. 马克思恩格斯全集：第四十二卷［M］. 中共中央编译局，译. 北京：人民出版社，2006：156.

械的劳动，虽然在某一特定技能上可能较为熟练，但在知识的广度、思维的灵活性以及道德情感的培养等方面却难以得到充分发展。而在现代社会，全面发展的人应具备创新能力、批判性思维能力、跨文化交流能力以及良好的道德品质和社会责任感，以适应多元化、全球化的社会发展需求。

3. 人的个性的全面发展

当社会制度和社会条件趋于完善，为个体提供充分的自由与平等空间时，“个人的独创和自由的发展不再是一句空话”①。个性的全面发展意味着每个人都能够在适宜的环境中，充分发挥自身独特的优势和潜能，展现出与众不同的个性魅力。在艺术领域，众多艺术家在自由创作的氛围下，突破传统的束缚，大胆创新，形成了独特的艺术风格，创作出了无数经典作品；在科学研究领域，科学家们凭借着自由探索的精神，勇于提出新颖的理论和假设，推动了科学技术的飞速发展。例如，爱因斯坦打破传统物理学的思维定式，提出了相对论，为现代物理学的发展开辟了新的道路；毕加索在绘画艺术上不断创新，开创了立体主义画派，展现了独特的艺术个性。

4. 人的社会关系的全面发展

马克思强调，人的本质是社会关系的总和，社会性是人的本质属性。“个人的全面性不是想象的或设想的全面性，而是它的现实关系和观念关系的全面性”②。人的劳动能力的开发与利用，必然受到其所处时代和社会环境的深刻影响，受到各种现实社会关系的制约。在不同的社会形态下，人们的社会关系呈现出截然不同的特点。在原始社会，人们以部落为单位，社会关系主要基于血缘和共同的生存需求，相对简单且紧密；在资本主义社会，社会关系主要围绕着资本和利益构建，存在着明显的阶级分化和对立；而在共产主义社会，人们将建立起平等、互助、和谐的社会关系，每个人都能在丰富多样的社会交往中实现自身的全面发展。例如，在现代社会中，随着互联网技术的发展，人们的社会交往范围不断扩大，社会关系变得更加复杂多样，这为人们拓展视野、提升能力提供了更多机

---

① 马克思，恩格斯. 马克思恩格斯全集：第三卷［M］. 中共中央编译局，译. 北京：人民出版社，2006：516.

② 马克思，恩格斯. 马克思恩格斯文集：第八卷［M］. 中共中央编译局，译. 北京：人民出版社，2009：172.

会，但同时也带来了新的挑战和问题，需要人们在复杂的社会关系中不断调整和适应。

马克思认为，促进人的全面发展的主要途径是教育。教育不仅能够有效提升人的劳动能力，进而推动社会生产力的发展，正如马克思所说：“为改变一般的人的本性，使它获得一定劳动部门的技能和技巧，成为发达的和专门的劳动力，就要有一定的教育或训练。”① 而且，教育的功能不应局限于单纯的劳动技能培养，还应注重开展德智体美劳等全方位的综合素质教育，以促进人的全面发展。

依据马克思人的全面发展理论，在开展大学生就业能力培养工作时，我们必须充分考虑大学生的现实需求和实际情况。单纯地提高大学生的思想道德素养，难以切实解决他们在就业过程中面临的实际问题，需要综合考量大学生获得就业机会所需的全面能力。一方面，要高度重视提升大学生的专业就业能力，使其掌握扎实的专业知识和技能，具备在未来职业领域立足和发展的核心竞争力。例如，通过优化专业课程设置、加强实践教学环节、开展校企合作等方式，让大学生在学习过程中能够紧密结合实际工作需求，提高专业技能水平。另一方面，要同步提升大学生的思想道德素质，引导他们将内在的道德修养转化为积极的就业人格取向。例如，培养大学生的敬业精神、诚信意识、责任感和团队合作精神等，这些优秀的道德品质在实际工作中具有重要价值，能够帮助大学生更好地融入职场，获得职业发展。此外，还应着力培养大学生的社会应对能力和就业发展能力。通过开展社会实践活动、职业规划课程、就业指导培训等，帮助大学生提升沟通能力、问题解决能力、适应能力以及职业规划能力，使其能够快速适应社会环境的变化，在职业生涯中实现可持续发展。

新时代大学生提升就业能力，是实现自身全面发展的必然要求。通过在专业知识、实践技能、思想道德等多方面提升就业能力，大学生能够更好地适应社会生产和生活的多样化需求，在就业中实现自身的全面发展。

（二）教育与生产劳动相结合理论

马克思主义认为教育和生产劳动相结合是现代社会发展的必然要求，是提高社会生产的一种方法，也是造就全面发展的人的唯一方法。教育与生产劳动相结合，就是将教育过程与生产劳动过程有机地联系起来，使学

① 马克思，恩格斯．马克思恩格斯全集：第四十二卷［M］．中共中央编译局，译．北京：人民出版社，2016：161．

生在学习知识的同时，能够参与到实际的生产劳动中，通过实践活动加深对知识的理解和运用，培养学生的实践能力、创新能力和社会责任感，促进学生的全面发展。这一理论对提升大学生就业能力有重要作用。

1. 提升专业技能

通过参与生产劳动，大学生可以将在课堂上学到的专业知识应用到实际工作场景中，更好地理解专业知识的实际用途，提高专业技能的熟练程度。例如，工科专业的学生在工厂实习过程中，能够亲身体验生产流程，掌握生产设备的操作技能，对专业知识有更深入的理解，提升解决实际工程问题的能力，使他们在就业时更具竞争力。

2. 培养实践能力

生产劳动为大学生提供了丰富的实践机会，让他们能够在实践中锻炼自己的动手能力、问题解决能力和实际操作能力。在实践过程中，大学生会遇到各种各样的实际问题，需要运用所学知识和经验去分析问题、解决问题，从而不断提升自己的实践能力。这种实践能力是企业非常看重的，能够帮助大学生更快地适应工作岗位的要求。

3. 增强创新能力

教育与生产劳动相结合能够激发大学生的创新思维和创新能力。在生产劳动中，大学生会接触到行业内的最新技术和发展动态，了解到实际生产中的痛点和需求，这有助于他们产生新的想法和创意，提出创新性的解决方案。与生产劳动中的实际需求相结合，还可以促使大学生将创新成果转化为实际生产力，为未来的职业发展打下坚实的基础。

4. 提高职业素养

参与生产劳动可以让大学生了解职场规则和职业规范，培养他们的职业态度、职业道德和团队合作精神等职业素养。在生产劳动中，大学生需要遵守工作纪律、按时完成任务、与同事协作配合，这些都有助于他们养成良好的职业习惯和职业精神。具备较高的职业素养能够使大学生在就业后更快地融入工作团队，获得更好的职业发展机会。

5. 了解市场需求

通过与生产劳动的结合，大学生能够直接接触到市场和企业的实际需求，了解行业的发展趋势和就业市场的变化情况。这使他们能够根据市场需求调整自己的学习方向和职业规划，有针对性地提升自己的就业能力，提高就业的成功率和就业质量。

对于新时代大学生来说，将学习过程与生产实践、社会实践相结合，能够使他们在掌握理论知识的同时，提高实践操作能力和解决实际问题的能力，从而提升就业能力，更好地融入社会生产体系。

二、以人民为中心的发展思想

以人民为中心的发展思想源于对马克思主义理论的传承与发展，马克思主义强调人民群众是历史创造者和推动社会发展的决定性力量，这为其提供了理论基石，中国共产党在革命、建设和改革进程中始终坚持以马克思主义为指导，将人民利益置顶，不断丰富该理论。同时，以人民为中心的发展思想也是对中国共产党历史经验的深刻总结，党自成立便以人民幸福和民族复兴为使命，历经新民主主义革命时期、社会主义革命和建设时期、改革开放和社会主义现代化建设新时期、中国特色社会主义新时代，因始终坚持以人民为中心而赢得人民拥护、取得诸多胜利。此外，进入新时代，社会主要矛盾转化为人民日益增长的美好生活需要和不平衡不充分的发展之间的矛盾，人民对美好生活各方面要求提升，以人民为中心的发展思想应运而生，用以回应时代需求，致力于解决发展不平衡问题，实现人民对美好生活的向往，推动人的全面发展与全体人民共同富裕。这一思想从理念指引、政策制定、资源配置等多个方面，为大学生就业能力提升提供了有力支撑。

（一）价值导向：尊重与满足大学生个体需求

以人民为中心的发展思想，核心在于将人民置于发展的核心位置，把满足人民群众对美好生活的向往作为奋斗目标。在大学生就业能力提升的情景中，这体现为充分尊重每一位大学生的主体地位，关注他们的个体差异和多样化需求。每个大学生都有独特的兴趣、专长和职业理想，这一思想要求在就业能力培养过程中，摒弃“一刀切”的模式，鼓励大学生根据自身特质挖掘潜力，实现个性化发展。例如，在职业规划指导中，借助大数据分析技术，依据学生的学习成绩、兴趣测评结果、实践经历等多维度数据，为其精准推送契合的职业方向和发展路径建议。这有助于大学生明晰自身优势，激发内在动力，为提升就业能力筑牢根基，使其在未来的职业道路上能够充分发挥自身价值，实现个人与职业的和谐发展。

（二）政策支持：营造良好就业环境与提供发展助力

以人民为中心的发展思想推动政府出台一系列政策，为大学生就业能力提升与就业创造有利条件。在宏观经济政策方面，政府通过推动经济结构优化升级，大力发展新兴产业，如人工智能、新能源等领域，创造出大量高质量就业岗位。这不仅为大学生提供了广阔的就业空间，也促使他们积极提升相关领域的知识和技能，以适应新的就业需求。同时，政府还出台了众多就业扶持政策，为大学生就业能力提升提供直接支持。在就业创业补贴方面，政府为自主创业的大学生提供启动资金、场地租赁补贴等，降低创业门槛和成本；在职业技能培训补贴方面，政府根据市场需求和大学生专业特点，组织开展各类职业技能培训，并给予相应补贴，鼓励大学生提升职业技能水平。此外，政府还实施基层就业项目，如“大学生志愿服务西部计划”“三支一扶”等，为大学生提供到基层锻炼的机会，同时给予一定的政策优惠和待遇保障，既缓解了大学生就业压力，又促进了基层地区的发展。

（三）教育实践：驱动高校教育改革与就业能力培养优化

以人民为中心的发展思想促使高校以大学生就业需求为导向，深化教育改革，优化人才培养模式。在专业设置上，高校紧密对接社会需求，动态调整专业布局，淘汰与市场脱节的专业，增设适应新兴产业发展的专业，如物联网工程、智能制造工程等，使大学生所学专业与就业市场需求紧密结合，提高专业知识的实用性，从源头上提升大学生的就业能力。在教学过程中，高校强化实践教学环节，增加实践课程比重，建立校外实习实训基地，让大学生在实践中锻炼动手能力和解决实际问题的能力。通过与企业合作开展实践项目，大学生能够接触到真实的工作场景和业务流程，积累工作经验，提升职业素养，毕业后能迅速适应工作岗位要求，提升就业竞争力。此外，高校还完善就业指导服务体系，提供全方位、多层次的就业指导服务，包括职业规划课程、求职技巧培训、就业信息发布、心理辅导等。例如，开展一对一的职业咨询服务，帮助学生解决在就业过程中遇到的困惑和问题，增强他们的就业信心和应对能力。

（四）社会参与：凝聚协同育人合力

以人民为中心的发展思想倡导全社会共同参与大学生就业能力提升。企业作为用人主体，积极参与高校人才培养过程，通过提供实习岗位、开展订单式培养、参与课程开发等方式，将企业的实际需求和行业标准融入高校教育教学中。这使大学生更好地了解企业和行业需求，有针对性地提升就业能力。例如，企业与高校联合开展实践课程，企业技术骨干走进课堂，为学生传授实际工作经验和技能，让学生在学习过程中就能接触到行业前沿知识和实际操作技巧。社会组织在大学生就业能力提升中也发挥着重要作用。行业协会利用自身的专业优势和资源优势，举办各类职业技能竞赛、行业研讨会、培训讲座等活动，为大学生提供展示技能和交流学习的平台，帮助他们了解行业最新动态和前沿技术，提升专业技能水平。公益组织则聚焦于就业困难群体，如贫困家庭大学生、残疾大学生等，通过开展一对一的就业帮扶活动，为他们提供就业指导、职业培训、心理辅导等服务，帮助他们克服就业障碍，实现就业梦想。同时，社会组织还积极参与就业政策的宣传和推广，为营造良好的就业氛围贡献力量。

以人民为中心的发展思想强调要以保障和改善民生为重点，发展各项社会事业，促进人的全面发展。就业是最大的民生，提升大学生就业能力，帮助他们实现高质量就业，是保障大学生及其家庭民生福祉的重要举措，体现了对大学生这一群体的关心和重视，也有助于促进社会公平正义，让发展成果更多更公平惠及全体人民。

三、人力资本理论

人力资本理论是由美国经济学家西奥多·舒尔茨、加里·贝克尔等提出的。该理论认为，人力资本是体现在人身上的资本，主要包括知识、技能、体力等，是对生产者进行教育、培训等支出及其在接受教育时的机会成本等的总和，它对大学生就业能力提升有多方面的重要意义。

（一）教育投资与知识技能获取

人力资本理论强调教育是提升人力资本的重要途径。对于大学生来说，接受高等教育是一种重要的人力资本投资行为。通过大学期间系统的专业学习，大学生可以获取丰富的专业知识，掌握特定领域的理论和技术，为未来就业奠定坚实的知识基础。同时，大学教育还注重培养学生的学习能力、思维能力和创新能力等综合素质，这些都是就业能力的重要组成部分。在大学期间，学生通过课堂学习、实验实践、课程设计等环节，深入学习专业知识和技能。例如，计算机专业的学生通过学习编程语言、数据结构、算法设计等课程，掌握软件开发和数据分析等技能，能够在毕业后顺利进入互联网企业从事相关工作。而且，大学还会开设各种通识课程和跨学科课程，拓宽学生的知识面和视野，提升他们的综合素养，使学生在就业市场中更具竞争力。

（二）培训与实践对就业能力的强化

人力资本理论不仅强调理论知识的传授，还强调培训和实践经验对提升人力资本的作用。对于大学生而言，参加各种专业培训、实习实践活动等，能够将所学的理论知识与实际工作相结合，进一步提高自己的实践操作能力和解决实际问题的能力，增强就业竞争力。许多大学生会利用课余时间参加各类职业技能培训，如考取教师资格证、会计证、英语四六级证书等，这些证书不仅是对他们专业能力的一种证明，也能增加他们在就业市场中的优势。同时，实习实践也是大学生提升就业能力的重要途径。通过在企业、单位的实习，大学生可以了解行业动态和企业的实际运作流程，熟悉工作环境和岗位要求，积累工作经验，提高沟通能力、团队协作能力等职场必备技能。比如，市场营销专业的学生通过在企业的营销部门实习，参与市场调研、产品推广等实际项目，能够更好地掌握市场营销的实际操作技巧，提升自己的就业能力。

（三）健康资本对就业能力的支持

人力资本理论中的健康资本也是影响就业能力的重要因素。良好的健康状况是大学生学习和未来工作的基础，能够保证他们有足够的精力和体力投入到知识学习和技能提升中，提高学习效率和工作效率。在大学期间，学校会通过开设体育课程、举办体育活动等方式，促进学生的身体健康。大学生自身也逐渐意识到健康的重要性，积极参加体育锻炼，保持良好的生活习惯。拥有健康的身体，大学生在学习专业知识和参加实践活动时能够更加高效，在就业过程中也能更好地应对各种挑战，适应不同工作环境和工作强度的要求。例如，一些需要经常出差或加班的工作岗位，对员工的身体素质要求较高，身体健康的大学生在这类岗位的竞争中就更具优势。

（四）个人收益与社会回报

从个人角度看，大学生通过提升就业能力，能够在就业市场中获得更好的职业发展机会，取得更高的收入水平，实现个人价值和经济目标。从社会角度看，高素质的大学生群体是社会的宝贵财富，他们通过就业将所学知识和技能应用到社会生产和服务中，能够推动技术进步和创新，促进经济增长和社会发展。在现实中，那些就业能力强、专业技能突出的大学生往往更容易进入知名企业或获得高薪职位，他们在工作中能够快速成长，为企业创造价值的同时，也实现了个人收入的增长和职业地位的提升。从社会层面来看，随着越来越多具有高就业能力的大学生进入各个行业，他们带来了新的理念、技术和方法，推动了产业升级和创新发展。比如，在人工智能、生物医药等新兴领域，大量高学历、高技能的大学生投身其中，加速了这些领域的技术突破和产业发展，为社会经济的持续增长注入了强大动力。

新时代大学生通过接受高等教育和各种培训，不断提升自己的专业知识、技能等就业能力，就是对自身进行人力资本投资的过程。这不仅有助于大学生个人在就业市场中获得更好的职业发展和回报，也能为社会经济发展提供高素质的人力资源，促进经济增长。

四、社会主义劳动就业理论

社会主义劳动就业理论是列宁在长期革命斗争以及社会主义建设的实践历程中，逐步孕育、形成并不断发展完善的重要理论体系。这一理论的诞生，有着深刻的时代背景和现实需求。在俄国十月革命胜利后，新生的苏维埃政权面临着百废待兴的局面，一方面要应对国内外敌对势力的干扰与破坏，另一方面要着手恢复和发展被战争严重破坏的国民经济，劳动就业问题成为亟待解决的关键难题。列宁对劳动就业的重要作用高度重视。

从国家层面来看，劳动就业堪称建设社会主义的重要基石。特别是在经历了残酷的战争洗礼后，经济遭受重创，工业生产停滞，农业生产也陷入困境。此时，恢复国民经济、提高生产力成为社会主义建设的当务之急，而这一切都离不开劳动就业这一基础。正如 1918 年 3 月列宁在《苏维埃政权的当前任务》一文中指出："在任何社会主义革命中，当无产阶级夺取政权的任务解决以后，随着剥夺剥削者及镇压他们反抗的任务大体上和基本上解决，必然要把创造高于资本主义的社会结构的根本任务提到首要地位，这个根本任务就是：提高劳动生产率。"① 提高劳动生产率，就需要让广大劳动者充分就业，投身到社会主义建设的各个领域，通过合理的劳动组织和资源配置，推动工业生产的复苏与发展，提升农业生产的效率，从而实现整个国民经济的良性循环。

从劳动人民的角度而言，就业乃是民生之本。劳动人民能否获得稳定的就业机会，直接关系到他们自身及其家庭的生存与生活质量。在社会主

① 列宁. 列宁选集：第三卷［M］. 中共中央编译局，译. 北京：人民出版社，1995：490，477.

义制度下，劳动者是国家的主人，保障他们的就业权益是社会主义制度优越性的重要体现。如果劳动者失去了劳动收入，连基本的生存都难以维持，更无从谈及享受社会主义制度带来的福祉。只有让劳动者充分就业，他们才能凭借自己的劳动获得相应的报酬，满足生活的各项需求，进而实现自身的价值，感受到社会主义制度的温暖与关怀。

列宁同样高度重视职业能力及其培养的重要作用。他深刻认识到，无产阶级在肩负起建设社会主义的历史重任时，不仅需要提升建设社会主义的实践能力，还必须具备管理国家的能力。然而，当时的无产阶级普遍存在科学文化知识匮乏以及管理国家经验不足的问题。列宁明确指出："要使社会主义变革巩固下来，除非我们能发动新的阶级即无产阶级进行管理，做到由无产阶级来管理俄国，做到使这种管理成为全体劳动者个个都来学习管理国家的艺术的过渡。"① 为了解决这一问题，列宁号召工人阶级积极向资产阶级专家学习先进的管理经验，学习如何从事经济工作和商业活动。通过这种学习，工人阶级能够掌握现代化的管理理念和方法，提升自身的管理能力，为社会主义建设提供有力的人才支持。

针对青年职业能力的培养问题，列宁进行了诸多大胆且富有成效的尝试。他认为，青年是国家的未来和希望，是社会主义建设的重要力量。"我们补充力量没有别的来源。我们只能前进，大胆起用年轻工人，把无产阶级的代表人物放到重要岗位上去，而且不断提拔他们。"② 同时，列宁积极鼓励青年认真学习共产主义理论，掌握现代科学技术知识，并将其运用到新社会的建设事业中。1920 年，列宁推动创办了工厂徒工学校（工厂附属学校），旨在开展系统的职业技术教育。通过这一举措，俄国有计划、有目标地为国民经济各部门培养出了大批技术熟练的青年工人。这些青年工人在毕业后，迅速投身到各个行业，成为社会主义建设的生力军。此外，列宁还积极推动开设工农大学预备班，为青年工人创造进入高等学校继续深造的条件，进一步提升他们的知识水平和职业能力，为他们在社会主义建设中发挥更大的作用奠定坚实的基础。

---

① 列宁. 列宁全集：第三十五卷［M］. 中共中央编译局，译. 北京：人民出版社，1985：407.

② 列宁. 列宁全集：第三十五卷［M］. 中共中央编译局，译. 北京：人民出版社，1985：417.

五、职业生涯发展理论

职业生涯发展理论是研究个体在职业发展过程中所经历的阶段、面临的任务以及影响因素的理论体系，其涵盖了特质因素理论、生涯发展理论、职业锚理论等多种理论。这些理论与大学生就业能力提升密切相关，为大学生就业能力的提升提供了多维度的理论支撑和实践指导。

（一）精准定位职业方向，锚定就业能力提升目标

波士顿大学教授弗兰克·帕森斯的特质因素理论强调人职匹配，认为每个人都有独特的个性特质，包括能力、兴趣、性格等，而每个职业也有其特定的要求和环境①。对于大学生而言，在就业能力提升过程中，了解自身特质是关键的一步。大学生可以通过专业的心理测评工具，如霍兰德职业兴趣测评、MBTI性格测试等，深入了解自己的兴趣类型和性格特点。比如，若一名大学生通过霍兰德职业兴趣测评发现自己属于社会型（S），即对与人交往、帮助他人的活动感兴趣，那么在选择职业方向时，就可以重点考虑教育、医疗、社会工作等领域。同时，大学生还需对目标职业的要求进行深入分析，包括所需的专业知识、技能、职业素养等。通过这种自我认知与职业认知的结合，大学生能够更有针对性地提升自己的就业能力，学习相关专业知识和技能，培养符合职业要求的素养，从而提高在就业市场中的竞争力。

（二）分阶段有序推进，贴合生涯发展规律提升能力

心理咨询师舒伯将职业生涯发展划分为成长、探索、建立、维持和衰退五个阶段。对于大学生来说，主要处于探索和建立阶段。在探索阶段，大学生开始对职业世界进行初步了解，尝试不同的职业选择，确定自己的职业偏好和能力方向。这一阶段，学校和家庭应引导大学生积极参加各类社会实践活动、实习实训以及职业体验活动，拓宽他们对不同职业的认知。例如，组织大学生参加企业开放日活动，让他们走进企业，了解企业的运营模式和工作环境；鼓励大学生参与志愿者服务，在服务过程中锻炼自己的沟通能力、团队协作能力等，同时也能发现自己在不同领域的兴趣和潜力。在建立阶段，大学生需要根据前期的探索结果，明确职业目标，

---

① PARSONS F . Choosing a vocation [J]. Books on demand, 1909, 14 (7): 636-640.

并努力提升实现目标所需的就业能力。这包括学习专业知识、考取相关职业资格证书、积累工作经验等。比如，一名立志成为会计师的大学生，在大学期间不仅要努力学习会计学专业知识，还要考取注册会计师证书，通过实习积累实际工作经验，提升自己在会计领域的专业能力和就业竞争力。

（三）明确职业核心价值，坚定就业能力提升方向

职业生涯管理学家施恩的职业锚理论认为，职业锚是指当一个人不得不做出职业选择的时候，他无论如何都不会放弃的职业中的至关重要的东西或价值观。大学生在就业能力提升过程中，需要明确自己的职业锚，通过回顾自己的经历，思考自己在不同活动中的表现和感受，分析自己的优势和劣势，从而确定自己的职业锚类型。例如，若一名大学生在多次团队项目中，都展现出了出色的领导能力和决策能力，并且享受带领团队达成目标的过程，那么他可能具有管理型职业锚。明确职业锚后，大学生在选择职业和提升就业能力时就有了更明确的方向。对于具有管理型职业锚的大学生，在提升就业能力时，除了专业知识和技能外，还应注重培养领导能力、沟通协调能力、战略规划能力等管理相关的能力，以便在未来的职业发展中更好地发挥自己的优势。

（四）动态调整职业规划，灵活适应就业市场变化

职业指导专家金斯伯格将职业发展分为幻想期、尝试期和现实期。大学生处于尝试期向现实期过渡的阶段。在尝试期，大学生开始对职业进行尝试和探索，在这个过程中，他们会不断调整自己的职业期望和目标。学校和社会应提供丰富的职业信息和实践机会，帮助大学生更好地进行职业尝试。例如，举办职业规划讲座、开展职业咨询服务，为大学生提供职业信息和建议；建立实习基地，为大学生提供实习机会，让他们在实践中检验自己的职业兴趣和能力。进入现实期后，大学生需要根据自己的实际情况，确定职业目标，并制订切实可行的就业能力提升计划。这一阶段，大学生要充分考虑自身的优势和劣势、市场需求以及社会发展趋势等因素，将职业目标细化为具体的学习和实践任务，有针对性地提升就业能力。

（五）构建系统指导体系，全方位支撑就业能力提升

综合各类职业生涯发展理论，它们共同为大学生就业能力提升构建了一个系统的指导体系。从自我认知出发，帮助大学生了解自己的兴趣、性

格、能力和价值观；依据生涯发展阶段，指导大学生在不同阶段完成相应的就业能力提升任务；通过明确职业核心价值，让大学生在能力提升过程中有清晰的方向；借助动态调整职业规划的理念，使大学生能够适应就业市场的变化。在这个系统的指导下，大学生能够从多个维度进行自我审视和提升，将自身的发展与职业需求紧密结合，全面提升就业能力，实现从校园到职场的平稳过渡，为未来的职业生涯发展奠定坚实基础。

第二章　大学生就业发展趋势和现状

第一节　大学生就业发展趋势

根据麦可思公司对大学毕业生进行的跟踪评价，2023 届本科毕业生就业呈现以下发展趋势。

一、就业去向多元化

（一）考研“热”呈降温趋势

根据教育部官网发布的数据，2016 年开始，考研报名人数在短暂回调后开始大幅增长，从 2015 年的 164.9 万人上涨到 2023 年的 474 万人，连续创下历史最高纪录。2024 年全国硕士研究生报名人数为 438 万人，较 2023 年减少 36 万人，这是考研报名人数自 2015 年起持续、快速增长以来的首次下降。而到了 2025 年，全国硕士研究生报名人数为 388 万人，相比 2024 年又减少 50 万人，连续两年下降的趋势十分明显，具体情况如图 2-1 所示。

随着研究生规模的持续增长，就业难度与就业期望值之间的差距越来越大。许多原本出于就业考虑而非真心热爱学术研究的学生开始重新审视考研的必要性，转而选择直接就业，使得大学毕业生直接就业人数出现增长。例如，一些专业的研究生毕业后发现就业竞争依然激烈，薪资待遇也与预期相差甚远，这让后来的学生对考研产生了犹豫。当然，“逃避式读研”或跟风读研的情况依然存在，2023 届毕业生因就业难暂时读研、随大流而读研的比例分别为 25%和 8%，相比前两届有所上升。

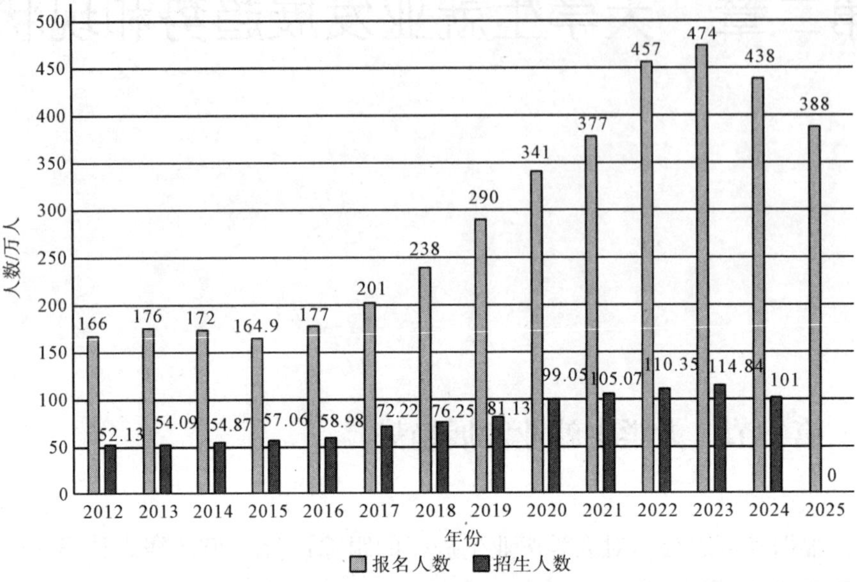

图 2-1　2012—2025 年全国硕士研究生报名与招生人数

考研失利风险日益攀升，毕业生全职备考比例也随之下降。根据权威数据统计，2023 届本科毕业生中，毅然放弃就业机会、全身心投入考研准备的比例仅为 5.6%。随着考研竞争的白热化，毕业生初次考研便折戟沉沙的现象屡见不鲜。在 2023 届仍在坚持备考的毕业生群体中，高达八成的学生已有考研经历，而这些学生初次考研失利的首要原因便是初试总分未能达到录取分数线。更值得关注的是，多次考研的成功率也在持续走低，以 2018 届至 2020 届毕业后坚持考研的本科生为例，他们在三年内成功考上研究生的比例，从 43.1%下滑至 39.9%。

面对如此严峻的考研失利风险，毕业生在做出是否全职备考的决策时，态度变得更加审慎。他们不再盲目放弃就业机会，转而更加理性地权衡自身实力、考研成功率以及就业前景等关键因素，力求在考研与就业之间找到更为契合自身发展的平衡点。这种态度的转变，不仅体现出毕业生在考研抉择上的理性回归，更对当下的考研生态与就业格局产生了深远影响。

（二）灵活就业和新形态创业比重提高

在当前的就业形势下，应届本科毕业生选择灵活就业的群体规模正逐步扩大。统计数据显示，2023 届本科毕业生在毕业半年后，选择灵活就业的比例达到了 5.1%，相较于 2022 届的 4.6%，实现了稳步增长。灵活就业涵盖了受雇半职工作、自由职业以及自主创业等多种形式，其中，依托互联网平台与数字技术发展起来的新形态就业创业模式，为毕业生们开辟了更为广阔的职业发展空间。

进一步细分来看，2023 届本科毕业生中，选择受雇半职工作的比例为 1.5%，选择自由职业的比例为 2.2%。值得注意的是，在这两类就业群体中，采用依托互联网平台的新就业形态的比例达到了 32%，相较于 2021 届的 30%，提升了 2 个百分点。在自主创业方面，2023 届本科毕业生自主创业的比例为 1.4%，其中以“互联网创业”形式开展的创业活动占比达到 22%，比 2021 届的 16%高出了 6 个百分点。

这些数据清晰地表明，蓬勃发展的数字技术，不仅为毕业生提供了更为丰富多元的就业选择，也推动了就业市场朝着多元化与创新化的方向不断迈进。这既体现了数字经济对就业领域的深刻影响，也反映出毕业生在就业观念上与时俱进，积极拥抱新兴就业模式，以适应快速变化的就业环境。

（三）公务员和事业编考试备考人数持续增长

在当前的就业形势下，应届本科毕业生的就业去向选择呈现出多元化的态势。一方面，灵活就业群体规模逐步扩大，展现出大学毕业生对灵活性和创新性的追求；另一方面，公务员、事业单位公开招录考试的备考热潮也在悄然兴起，彰显出大学毕业生对稳定性和长期发展的重视。

根据图 2-2，2020—2024 年应届本科毕业生期望在国家机关就业的人员占比虽然过程有波动，但整体呈上升态势，显示国家机关对应届本科毕业生的吸引力在这五年间逐步增强。进一步细化来看，2023 届本科毕业生中，有 12%的学生选择准备公务员、事业单位公开招录考试，这一比例在短短五年内实现了翻倍增长。这一显著变化，深刻反映出部分本科毕业生在就业选择上对稳定职业的强烈向往。通过进一步推算可以发现，应届本科毕业生中，选择暂不工作而全身心投入公务员备考的人数正逐年递增。2022 届这一人数约为 7.5 万人，与 2018 届的约 3.1 万人相比，增长了 2.4 倍。

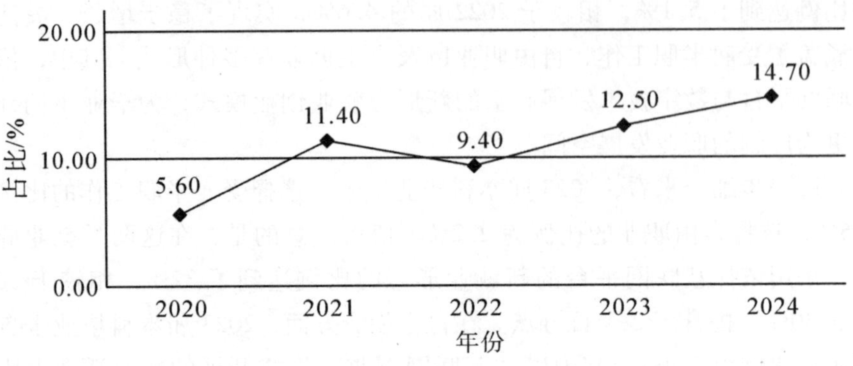

图 2-2　2020—2024 年应届本科毕业生期望在国家机关就业的人员占比

此外，毕业研究生以及留学归国人员同样对体制内工作表现出浓厚兴趣。通过对 2017 届本科毕业后境内读研、留学群体进行五年后的跟踪评价，结果显示，他们在政府机构/科研或其他事业单位就业的比例相较于 2016 届均有不同程度的提升。这种现象无疑使得应届本科毕业生在考公道路上面临着更为激烈的竞争和更高的难度。

综上所述，当下毕业生在就业去向选择上既积极拥抱新兴的灵活就业模式，展现出对创新和自由的追求，又对体制内稳定工作有着较高的热情，体现出对未来职业发展的长远规划和稳定预期。这种多元的就业选择，不仅反映了毕业生自身的职业诉求，也从侧面映射出就业市场的复杂变化和多元化发展趋势。

二、就业选择多样化

应届本科毕业生的就业去向选择呈现出全方位、多层次的多元化态势，就业路径也不再局限于传统框架，就业流向日趋多元，越来越多的本科毕业生倾向于选择中西部地区以及地级及以下城市作为他们的职业发展舞台。与此同时，在数字技术的强劲驱动下，高端装备制造业稳步前行，为本科毕业生开辟了新的就业途径。此外，中小微民营企业对本科毕业生的吸引力有所增强，这为毕业生提供了更为丰富的就业选项和广阔的职业发展空间。

（一）毕业生返乡与下沉市场就业趋势显著增强

近年来，本科毕业生选择在中西部地区就业的比例持续攀升，返乡就业的现象愈发普遍。从本科毕业生的就业区域流向观察，尽管东部地区仍然是众多毕业生的首选之地，2023 届本科毕业生在该区域的就业比例（51. 1%）虽超过半数，但与 2019 届（55. 2%）相比已呈现下降趋势。与此同时，西部地区与中部地区的就业比例则分别由 2019 届的 23. 1%、17. 7%增长至 2023 届的 25. 0%、20. 1%，显示出明显的上升态势。随着区域均衡发展战略的深入实施以及毕业生就业观念的逐步转变，越来越多的毕业生选择回到家乡所在省份就业。特别是在中部地区就业的 2023 届毕业生中，有近九成（87%）属于返乡就业；而在西部地区就业的毕业生中，这一比例也高达 80%。

此外，毕业生的就业重心正进一步向地级城市及以下区域转移。从毕业生的就业城市类型选择来看，选择在直辖市与副省级城市就业的比例均有所下降，分别从 2019 届的 16%、31%降低至 2023 届的 12%、27%；相反，在地级城市及以下区域就业的比例则由 2019 届的 53%上升至 2023 届的 61%，充分表明毕业生的就业重心正在加速下沉。在这一趋势下，教育与行政等领域成为吸纳毕业生在地级城市及以下区域就业的主力。特别是毕业生在政府及公共管理服务机构就业的比例呈现出上升趋势，从 2019 届的 8. 2%增加至 2023 届的 10. 0%，为基层治理与公共服务提供了更为坚实的人才支撑。

（二）数字技术推动高端装备制造业就业向好

在当前就业市场的复杂格局中，高端装备制造业宛如中流砥柱，展现出独特的发展韧性与活力。目前，该行业整体需求保持稳定态势。尤为突出的是对数字技术工程技术人员的需求呈现稳步上扬的强劲趋势。在众多以往毕业生就业量较大的行业面临需求疲软困境之时，电子电气设备、机械设备、交通运输设备等高端装备制造领域却逆风而行，需求稳健。以 2023 届毕业生为例，他们在上述领域的就业比例分别为 6. 4%、3. 1%、1. 7%，数据直观地反映出这些领域对人才的持续吸引力。

随着制造业的深度优化与升级，电子电气设备、机械设备、交通运输设备等高端装备制造领域对数字技术工程技术人员的需求急剧攀升。诸如集成电路工程技术人员、大数据工程技术人员、智能制造工程技术人员等技术人才，成为行业发展不可或缺的人才支撑。在这些领域就业的毕业生中，从事数字技术工程技术相关职业的占比从 2019 届的 3. 2%一路攀升至 2023 届的 4. 7%，这一显著的增长幅度，深刻揭示了数字技术与高端装备制造业深度融合的发展趋势，也凸显了数字技术人才在该领域的地位日益凸显。

同时，在高端装备制造业就业的毕业生，其就业质量优势十分明显。随着智能设备、新能源装备等领域的迅猛发展，电子电气设备制造业对专业技术人才的需求呈现出爆发式增长，这一变化在薪资水平上得到了淋漓尽致的体现。2023 届在电子电气设备制造业就业的毕业生月收入高达 7 153 元，成功超越信息传输、软件和信息技术服务业（6 915 元），荣登薪资榜首。与此同时，交通运输设备制造业的月收入也呈现出稳健的增长态势，2023 届毕业生达到 6 763 元，位列第三，这一成绩与新能源汽车产业的飞速发展紧密相连。不仅如此，随着工作年限的不断增加，上述领域的薪资涨幅更是令人瞩目。以 2018 届毕业生为例，毕业五年后的薪资涨幅分别达到 141%、150%，充分彰显了行业的发展潜力与对人才的优厚回报。更为重要的是，毕业生在这些领域从业能够获得较强的幸福感，2018 届毕业五年后的就业满意度高达 82%，这表明高端装备制造业不仅为毕业生提供了丰厚的物质回报，还为他们创造了良好的职业发展环境和精神满足感。

（三）民企与中小微企业吸纳力显著增强，装备制造业成毕业生就业新增长点

民营企业与中小微企业在当前就业市场中扮演着举足轻重的角色，已然成为吸纳毕业生就业的主力军。从就业单位类型与规模的综合视角来看，2023 届毕业生在中小微民企就业的比例达到 31%，相较于 2022 届的 28%，实现了 3 个百分点的稳步提升。这一数据的增长，直观地反映出中小微民企在促进毕业生就业方面发挥着日益重要的作用。

进一步深入剖析中小微民企所在行业的构成，我们可以清晰地看到，其在装备制造领域的占比呈现出持续上升的良好态势。从 2019 届的 7. 2% 稳步攀升至 2023 届的 10. 0%，这一增长趋势背后，蕴含着深刻的行业发展逻辑。中小微民企凭借天然的灵活性和创新力，成为装备制造产业链中不可或缺的重要组成部分。它们能够敏锐地捕捉市场需求，快速响应行业变化，为毕业生提供丰富多样的就业机会。

随着高端装备制造业的稳步前行，中小微民企在其中的作用愈发凸显。它们不仅能够承接大型企业的上下游业务，实现产业协同发展，还能够凭借自身的创新活力，在细分领域精耕细作，为毕业生创造出更多具有发展潜力的就业岗位。可以预见，在未来，随着高端装备制造业的持续发展和中小微民企的不断壮大，这类企业将为毕业生就业提供更为广阔的发展空间和更多元化的选择。

第二节　当前大学生就业能力提升工作取得的成绩

大学生就业能力的培养工作是伴随着时代的变迁与社会的发展逐步拉开帷幕并不断深入推进。在国家“顶层驱动”下，承担就业能力培养重任的主要机构蓬勃发展，作为教学重要依托的教学载体持续革新，各类教学资源也日益丰富，为大学生就业能力培养工作注入了源源不断的动力，大学生就业能力的提升工作也取得了一些成绩。

一、构建了完善的就业指导部门

高校就业指导部门作为提升大学生就业能力的关键校内机构，伴随各项政策的持续落实与完善，其建设正不断迈向成熟。当下，该部门主要采用从中央到地方的三级垂直管理体系，这一体系以便捷、高效的显著优势，有力推动了就业指导工作的开展。完善的就业指导部门不仅是大学生就业能力提升的重要保障，还朝着人性化、丰富化的方向持续发展。

自 20 世纪 80 年代起，地方各级政府也积极响应，主动投身改革浪潮，全力构建完备的部门体系，例如设立各级就业指导中心和人才交流中心，旨在为广大人民群众，尤其是高校毕业生提供优质高效的就业服务。

在国家政策层面，1991 年，原国家教委依据《关于改革高等学校毕业生分配制度报告的通知》，正式成立全国高等学校毕业生就业指导中心。该中心在 1998 年更名为全国高等学校学生信息咨询与就业指导中心，核心职责涵盖高校毕业生的学籍学历管理以及就业信息的精准提供等关键领域。2008 年，随着社会经济的蓬勃发展，该中心积极顺应时代潮流，不断创新变革，主动转变政府职能，开通全国大学生就业公共服务立体化平台。这一平台紧密围绕高校毕业生的实际就业需求，持续提升社会公共服务水平，为毕业生就业提供了全方位、多层次的支持。

在学校制度层面，改革开放前，各大高校基于当时的国家计划经济体制，严格执行统招统分政策，并为此专门设立毕业生分配办公室。改革开放后，高校人才培养观念发生深刻转变，管理机构也随之启动改革。1986 年，深圳大学勇立潮头，率先成立就业指导中心，拉开了高校就业指导部门改革的序幕，随后各大高校纷纷跟进，积极探索适合自身发展的变革之路，这无疑是高校就业指导部门建设进程中的重要里程碑。2002 年，《教育部关于进一步加强普通高等学校毕业生就业指导服务机构及队伍建设的几点意见》颁布，明确规定高校构建就业指导部门的必要性。截至目前，全国所有高校均已建立起专门的就业指导部门，其主要职责聚焦提升大学生就业能力，以及全面负责其他与就业相关的各项工作。目前，各高校就业指导部门正朝着更加人性化、专业化和多样化的方向发展，具体表现为：①服务内容更加丰富。除了传统的就业信息发布和招聘会组织外，高校就业指导部门还提供职业规划咨询、就业心理辅导、创业指导等多元化服务，满足大学生的个性化需求。②服务方式更加便捷。高校就业指导部门通过信息化手段，建立线上服务平台，为学生提供 24 小时不间断的就业服务。例如，在线职业测评、远程面试指导等功能，极大地提高了服务效率。③服务对象更加广泛。高校就业指导部门不仅关注应届毕业生，还为在校生提供职业规划教育，帮助他们在大学期间明确职业目标，提前做好就业准备。④服务队伍更加专业。高校就业指导部门逐步建立起一支专业化、高素质的服务队伍，包括职业规划师、心理咨询师、创业导师等，为大学生提供更加专业的指导和支持。

二、设置了合理的就业指导课程

新中国成立后，在特定的国家制度、经济形势以及社会资源分配政策的大环境下，高校的就业教育仅面向毕业生开展，并且以思想教育作为核心内容。其中，职业道德教育着重培养毕业生在职场中应遵循的行为准则和道德规范，使其明白诚实守信、敬业奉献等品质在职场中的重要性；爱岗敬业教育则鼓励毕业生热爱自己的工作岗位，全身心投入工作，为社会创造价值。

1985 年，职业指导教育率先在北京、上海的部分学校开展。这次开创性的实践活动积累了宝贵的经验，为我国第一本就业指导培训教材《职业指导》的编著提供了有力支撑。这本教材的诞生，标志着我国就业指导领域在理论探索和实践总结方面迈出了重要一步，它为后续的就业指导工作提供了理论依据和实践指导。1988 年，原国家教委高校学生司出版了我国第一本高校就业指导书籍《大学生求职择业指导》，进一步丰富了高校就业指导的理论体系，为大学生在求职择业过程中提供了更具针对性的指导。

1995 年，原国家教委下发了《关于在高等学校开设就业指导选修课的通知》，这一通知旨在积极倡导高校开设就业指导选修课，以满足学生对就业知识和技能的需求。紧接着，《大学生就业指导教学大纲》的下发以及统一编写的《大学生就业指导》教材，为全国高校的就业指导课程提供了统一的教学标准和教学内容。这一系列举措使得高校就业指导课程开始走向规范化和系统化，各高校依据大纲和教材，有序地开展就业指导教学工作，为学生传授就业政策、求职技巧、职业规划等方面的知识。

2003 年，《教育部关于进一步深化教育改革，促进高校毕业生就业工作的若干意见》明确强调，各高校要大力加强毕业生就业指导工作，不仅要将就业指导课程全面纳入学校的日常教学体系，使其成为人才培养的重要组成部分，还要将其视为学生思想政治教育的重要内容。这一要求进一步提升了就业指导课程在高校教育中的地位，促使高校更加重视就业指导工作，加强课程建设和师资队伍建设，为学生提供更优质的就业指导服务。

2008 年，教育部在相关会议上指出，各大高校要推动就业指导课的性质向公共课转变，将其设置为选修课或必修课。在这一政策的推动下，全国各高校积极响应，相继开设就业指导课程。各高校以教育部下发的教学大纲为重要参考，同时广泛借鉴国外先进的就业指导经验，结合我国国情和本校学生的实际需求，精心构建大学生就业指导课程体系。这一体系涵盖了职业认知、职业规划、求职技巧、职场适应等多个方面，通过系统的课程教学，全面提升大学生的就业能力，为他们顺利步入职场、实现职业理想奠定坚实基础。

三、优化了就业服务与指导

就业服务与指导是提升大学生就业质量、促进人才合理流动的关键举措。近年来，相关部门不断优化服务和指导，以帮助大学生更好地匹配岗位需求，同时助力企业精准招聘，实现人才与市场的双向共赢。

（一）职业指导服务多元

各地高校和就业服务机构通过开设职业规划课程、举办职业讲座、提供一对一咨询等方式，帮助大学生明确职业方向，提升就业竞争力。例如，许多高校设立了职业发展中心，邀请企业人力专员和行业专家为学生提供职业规划建议，帮助学生了解行业动态和岗位需求。大学生通过系统学习职业生涯规划、求职技巧等课程，在简历制作、面试表现等方面能力显著增强。在各类就业技能竞赛中，学生们展现出扎实的专业知识和出色的应变能力。

（二）职业认知深度与广度拓展

丰富多样的职业指导活动，如企业参观、行业论坛等，让大学生深入了解不同职业的工作内容和发展前景。学生不再局限于传统热门职业，对新兴行业和小众领域的关注度显著提高。例如，在人工智能、新能源等新兴产业领域，毕业生的就业占比逐年上升，体现出学生对职业发展的前瞻性思考和多元化选择。

（三）就业资源高效整合与利用

政府、社会机构和各高校建立了多种就业信息发布平台，如“国家大学生就业服务平台”“地方人才网”和各高校就业信息网等，为大学生提供及时、准确的招聘信息。这些平台不仅涵盖各类企业的招聘需求，还提供岗位分析、薪资水平等实用信息，帮助大学生更好地了解就业市场，实现了岗位信息与学生求职意向的精准匹配。平台不仅提供招聘信息，还整合了实习机会、就业政策解读等内容。校园招聘会的规模和质量也不断提升，参会企业数量和提供岗位种类逐年增加，为学生提供了更多优质选择。通过平台，大学生获取有效就业信息的时间大大缩短，精准度也显著提高。

（四）实践与创新创业能力培养成果突出

实习实训基地的建设和校企合作项目及实践项目的开展，锻炼了大学生的实践动手能力和创新思维。学生在实习中参与企业实际项目，提出的创新性解决方案得到应用的案例越来越多。在创新创业大赛中，大学生的参赛作品数量和质量均创历史新高，部分项目成功孵化，实现了从理论到实践的转化，为社会创造了经济价值。

（五）就业心理韧性增强

面对就业市场的竞争和不确定性，心理辅导与就业援助工作发挥了重要作用。学生在就业过程中遇到挫折时，能够积极调整心态，重新规划求职策略。针对部分大学生在就业过程中出现的焦虑、迷茫等心理问题，高校和就业服务机构提供了心理辅导服务。同时，对于就业困难的学生，政府还推出了就业援助计划，通过岗位推荐、技能培训等方式，帮助他们顺利实现就业。

（六）就业质量提升

近年来，大学生就业质量持续提升，各高校在毕业生就业方面取得了一定的成绩。特别是重点高校和热门专业的就业率保持较高水平，推动了就业市场的稳定。例如，北京大学发布的《2023—2024 学年本科教学质量报告》显示，应届本科毕业生的总体就业率达 93.81%。南开大学的报告也显示，本科生毕业去向落实率为 93.98%。此外，吉林大学和广东第二师范学院分别公布的数据显示，吉林大学 2024 届毕业生的毕业去向落实率为 87.18%，而广东第二师范学院 2024 届应届本科毕业生的就业率为 85.48%。

整体而言，2023 年经济的恢复发展为就业市场的稳定提供了支撑。2023 届本科院校毕业生毕业半年后的就业率为 86.4%，相比 2022 届（86.0%）略有回升。同时，“双一流”院校和地方本科院校的毕业去向落实率分别为 91.6% 和 85.4%。这些数据反映了大学生就业形势在逐步改善，尤其在高校的努力下，毕业生的就业质量得到提升。

（七）就业结构优化

在时代发展的浪潮下，大学生就业结构正经历着深刻变革，呈现出愈发多元化的良好态势。过去，制造业与服务业作为吸纳大学生就业的主要领域，提供的岗位多集中在基础生产与简单服务层面。然而，当下随着产业结构的深度调整与科技创新的蓬勃发展，高新技术、互联网、金融等新兴行业强势崛起，成为大学生就业的热门选择，有力推动了就业结构的优化升级。

互联网行业的迅猛发展创造出大量就业岗位。以电商直播领域为例，当前很多大学生利用自身所学的新媒体运营知识入职电商直播公司，负责主播孵化与直播策划工作，在经过一段时间的努力以后，成功打造成为拥有大量粉丝量级的主播，为公司带来可观的经济收益。金融行业同样对大学生展现出强大吸引力。随着金融科技的深度融合，金融机构对既懂金融知识又掌握数字化技能的复合型人才求贤若渴。许多高校积极调整课程设置，开设金融科技、量化金融等新兴专业方向，以便学生能进入银行的金融科技实验室，学生参与开发的智能风控系统，有效降低银行的信贷风险，提升业务效率。新兴行业的快速发展为大学生提供了广阔的发展空间与优厚的待遇，而大学生的加入也为这些行业注入了新鲜血液与创新活力，实现了人才与产业的良性互动，让就业结构更加契合经济发展需求，促进了社会经济的高质量发展。

综上所述，当前大学生就业能力提升工作在政策引导、高校服务、大学生自身努力以及就业成果等方面均取得了显著成绩。这些成绩为大学生顺利就业、实现个人价值和社会价值提供了有力保障。

第三节　新时代大学生就业能力提升工作存在的问题

大学生作为青年群体的核心力量，其就业问题是就业市场的关键所在。大学生能否在毕业时顺利就业，关乎我国社会主义事业的稳步推进。因此，深入剖析大学生就业能力问题，并对其就业能力进行科学衡量至关重要。

2012—2025 年全国普通高校毕业生人数如图 2-3 所示。由图 2-3 可知，2012 年至今，我国大学毕业生人数逐年递增，2025 届大学毕业生高达 1 222 万人，同比增加近 43 万人。与之相伴的是社会对高素质人才的需求也在不断扩张，但需求结构日益呈现多元化、专业化、国际化的发展方向。一些传统行业和岗位对大学生的需求已趋于饱和，甚至出现“供大于求”的局面；而在新兴行业、技术前沿领域及跨学科交叉领域，企业常常面临“招不到”“留不住”的困境。由此形成的矛盾，使得大学生就业形势具有复杂性与不平衡性。受多重因素影响，已落实工作的毕业生比例不高，仍有部分毕业生处于求职状态，这表明大学生毕业后难以迅速找到契合自身的工作。大学生就业难是内外因素共同作用的结果。外在因素主要是大学生个体之外的影响，内在因素跟大学生自身能力密切相关。

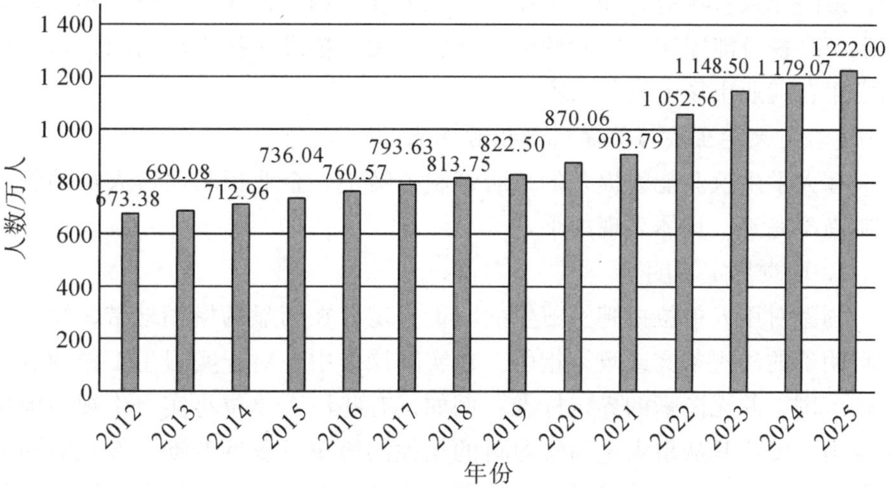

图 2-3　2012—2025 年全国普通高校毕业生人数

一、政府制度建设有待加强和完善

政府制度建设，本质上是政府为维护公共利益而开展的一系列行为，表现为价值导向、政策调控、监督管理与指导服务等关键领域的积极作为，对推动大学生就业能力提升意义重大。在我国，尽管已取得一定成果，但不可忽视的是，政府制度建设仍存在诸多短板，主要体现在就业能力提升国家框架相对模糊、大学生实习管理机制相对混乱以及大学生就业市场监督制度部分缺失这三个方面。

（一）就业能力提升国家框架相对模糊

当下，我国高校毕业生就业能力提升面临的关键困境之一，便是缺乏一个清晰、明确的就业能力提升国家框架。一个国家关于国民就业能力内涵及其结构的权威性界定，即就业能力的国家框架，它是提升民众就业能力的前提条件与基本要素。当前，多数西方发达国家为提升本国国民就业能力，已构建起相对清晰、明确的就业能力国家框架。反观我国，就业能力国家框架尚处于模糊状态，处境尴尬。

这种模糊性带来了一系列负面影响。由于缺乏一个能为高校提供参照的教育培养指导方针，就业能力的提升便缺少了外部的有力推动与规范。这使得大学生难以进行有效的自我评估与发展，对人才市场的评估和反馈也容易出现偏差，进而削弱了市场需求对大学生就业能力提升的引导作用，最终导致就业能力提升工作指导性欠佳。例如，在专业设置和课程安排上，高校可能因缺乏明确的框架指引，无法精准对接市场需求，培养出的学生在就业市场上竞争力不足。

（二）大学生实习管理机制相对混乱

在大学生就业能力提升的政府管制范畴中，企业招聘实习人员的管理机制尚不完善，具体表现如下。

1. 职责界定不明

国家对用人单位招聘实习生的职责界定存在明显的模糊地带，缺乏详细且明确的法规条文或政策指引。在实际操作中，对于实习生工作内容的合理范围，并无清晰的界定标准。例如，有些用人单位将实习生视为廉价劳动力，安排其从事大量与实习目的无关的简单重复性劳动，像长时间进行文件整理、跑腿打杂等工作，偏离了通过实习提升专业技能与职业素养的初衷。

从工作时间来看，目前也没有明确规定用人单位可安排实习生的最长工作时长。这就导致部分用人单位随意延长实习生工作时间，远远超出正常工作时间范畴，使得实习生面临过度劳累的工作压力，不仅影响其身心健康，也严重压缩了实习生用于学习和自我提升的时间。

在安全保障方面，同样缺少对用人单位应承担责任的具体规定。一些具有一定危险性的实习岗位，用人单位未提供必要的劳动保护装备和安全培训，实习生在实习过程中面临人身安全隐患，一旦发生意外事故，用人单位与实习生之间就责任归属问题极易产生争议。

由于职责界定不明，当出现问题时，用人单位往往会利用这种模糊性进行责任推诿。比如，实习生在工作中因缺乏必要指导而犯错，导致工作失误或造成一定损失，用人单位可能会将责任全部归咎于实习生，而不反思自身在培训与管理上的失职。又或者当实习生提出合理的权益诉求时，用人单位以职责不明确为由，拒绝回应或解决问题，使得实习生处于弱势地位，其合法权益难以得到有效保障。

2. 管理体系不完善

在实习生相关管理体系方面，存在着诸多亟待解决的漏洞，这些漏洞广泛涉及用人单位的权利义务、实习生的合法权益保障以及就业协议的订立与执行等关键环节。

从用人单位权利义务角度来看，缺乏明确的规范使得部分用人单位肆意行事。在工作内容分配上，一些用人单位偏离实习的本质目的，安排实习生从事大量与专业无关、纯粹的基础性体力劳动。比如，安排新闻专业的实习生长期从事办公室文件装订、分发工作，而不是参与新闻采编、报道等核心业务实践，这极大地浪费了大学生的实习时间与精力，无法让他们在实习中获得专业技能的提升。

在实习生合法权益保障方面，问题尤为突出。就薪资待遇而言，目前没有统一明确的标准，导致部分用人单位利用这一监管空白，给予实习生极低的报酬，甚至有的企业以实习为名，不支付任何薪资，严重侵犯了实习生的劳动权益。在劳动保护方面，部分用人单位在实习岗位存在安全风险的情况下，未按照职业健康与安全标准为实习生提供必要的防护设备与培训。例如，在一些化工企业实习中，应配备专业的防护手套、护目镜、防毒面具等，但企业为节约成本未提供，实习生在毫无防护的情况下进行操作，身体健康受到严重威胁。

就业协议的订立与执行同样问题重重。在订立环节，许多就业协议内容模糊不清，对于实习期限、工作岗位、工作职责、薪资待遇、违约责任等关键条款表述模棱两可。一些用人单位利用实习生社会经验不足，在协议中设置不公平条款，如随意延长实习期限、单方面解除协议却不承担责任等。在执行过程中，由于缺乏有效的监督与约束机制，当用人单位违反协议约定时，实习生往往投诉无门，难以维护自身权益。例如，某企业与实习生签订的协议中明确规定实习岗位为软件开发助理，但在实际工作中，却将实习生安排到销售岗位，且拒绝按照协议支付相应的补贴，实习生因协议执行缺乏保障，只能无奈接受。

社会实习在大学生就业能力提升的整体进程中占据着举足轻重的地位。这是大学生首次将所学理论知识应用于实际工作场景，也是从学生角色向职场人角色转变的初次尝试。在实习过程中，大学生不仅能够将课堂所学知识与实际工作相结合，加深对专业知识的理解与运用，还能在团队协作、沟通交流、问题解决等方面得到锻炼，积累宝贵的职场经验。然而，当前大学生实习管理机制的相对混乱，无疑会对大学生就业能力的提升产生直接且负面的影响。由于实习期间无法获得良好的职业指导与实践锻炼，大学生在进入职场时，往往难以快速适应工作节奏与要求，导致职业发展初期困难重重，严重阻碍了大学生顺利融入职场的进程，降低了他们在就业市场中的竞争力。

（三）大学生就业市场监督制度部分缺失

大学生就业市场是以市场需求为导向，以有就业需求的大学生为主体，以政府为主导，由各大高校和当地人才中心主要发起的就业资源配置平台。改革开放以来，随着经济社会的持续发展，为缓解大学生就业矛盾，大学生就业市场不断壮大。然而，我国虽已建立起大学生就业市场的基本制度，但仍存在明显短板，其中最为突出的便是监督制度部分缺失。

1. 运行保障制度缺失

大学生就业市场作为我国劳动力市场不可或缺的重要组成部分，在促进人才合理流动与就业匹配方面发挥着关键作用。然而，目前该市场却面临着运行保障制度严重缺失的困境。在现行环境下，我国缺乏专门且明确的政策法规来全方位保障大学生就业市场的合理有序运行。

从工作权利义务角度来看，各用人单位与大学生在工作中的权利和义务界定极为模糊。在薪资待遇方面，没有清晰的标准与规范，一些用人单位随意压低大学生薪资，甚至出现拖欠工资的情况。例如，一些小型企业在招聘大学生时，口头承诺的薪资与实际发放的薪资存在较大差异，大学生在入职后才发现薪资远低于预期，且因缺乏明确的薪资保障法规，维权困难。在工作时间与休假权益上同样如此，部分用人单位随意延长大学生工作时间，无视法定节假日休息规定，强制大学生加班，却不支付相应的加班费用，而大学生由于找不到明确的法律条文支撑自身诉求，只能默默承受。

这种权利义务不明确的状况，直接导致在就业过程中纠纷频发。当大学生认为自身权益受到侵害时，却难以找到有效的解决依据。比如，在工作任务分配上，用人单位安排大学生从事超出约定范围的高强度工作，大学生提出异议时，由于缺乏明确的工作内容界定法规，双方各执一词，无法有效解决争议。在劳动保护方面，若用人单位未提供必要的劳动防护设备，导致大学生在工作中受伤，事后在责任认定与赔偿问题上，因缺乏相关法规细则，极易陷入漫长的扯皮过程，大学生的合法权益得不到及时保障。

此外，在就业协议的法律效力及违约处理方面，也缺乏明确的政策法规。一些用人单位随意撕毁就业协议，却无须承担相应的严重后果，这不仅损害了大学生的就业机会，也破坏了就业市场的诚信环境。而大学生若想追究用人单位的违约责任，由于缺乏明确的法律指引，往往面临重重困难，无法通过合法途径维护自身权益。这种运行保障制度的缺失，严重影响了大学生就业市场的健康发展，降低了大学生对就业市场的信任度，阻碍了大学生顺利就业与职业发展。

2. 监管体系不健全

当前就业市场监管体系存在漏洞，部分企业经营活动缺乏有效管理，不规范现象屡见不鲜。大学生作为就业市场的主体，企业作为招聘主力，在市场运作中，混乱、欺骗、失职等行为时有发生。在招聘环节，监管缺失使得虚假招聘信息泛滥，一些不良企业为了获取利益，发布与实际岗位严重不符的虚假招聘信息。他们打着"高薪诚聘""提供广阔发展空间"等幌子，吸引大学生投递简历。然而，当大学生应聘入职后才发现，实际工作只是进行简单的数据录入，且薪资远低于招聘时承诺的水平。更有甚者，部分企业通过虚假招聘骗取大学生个人信息，将这些信息用于非法用途，如出售给第三方机构用于营销推广，严重侵犯了大学生的个人隐私和合法权益。还有些企业以"入职培训""岗位押金"等名义向大学生收取不合理费用，一旦大学生察觉被骗要求退款，企业便以各种理由推脱拒绝。

就业歧视问题在监管不力的情况下也愈发突出。一些企业在招聘过程中存在明显的歧视行为，限制了大学生的公平就业机会。学历歧视现象普遍，部分企业只招聘 985、211 高校毕业生，将众多普通高校毕业生拒之门外，完全忽视了普通高校学生的能力和潜力。性别歧视同样严重，在某些岗位招聘中，企业明确表示只招收男性，或者对女性求职者提出更高的要求，如限制女性的婚育状况等，这无疑剥夺了女性大学生平等参与竞争的权利。此外，还有户籍歧视、身体状况歧视等，这些歧视行为严重破坏了就业市场的公平性，让许多优秀的大学生失去了应有的就业机会。

当这些混乱、欺骗、失职等行为引发纠纷后，由于缺乏完备的就业市场监督机制，公正仲裁难以实现。目前，就业市场纠纷处理渠道有限，且各部门之间职责划分不明确，导致大学生在维权时往往面临投诉无门的困境。例如，大学生遭遇虚假招聘或就业歧视后，向相关部门投诉，可能会出现多个部门互相推诿责任的情况，使得问题长期得不到解决。即使进入仲裁或司法程序，由于缺乏明确的监管标准和完善的证据收集机制，仲裁机构和法院也难以对双方行为进行准确判断，无法有效保障大学生和企业的合法利益。这种监管体系的不健全，不仅损害了大学生的切身利益，也破坏了就业市场的正常秩序，阻碍了人才的合理流动和就业市场的健康发展。

教育部每年都会制定并下发关于做好全国普通高等学校毕业生就业创业工作的通知，这一通知聚焦高校在大学生就业创业工作中的关键责任，涵盖了就业指导课程的优化、就业信息的精准推送、创新创业教育的强化等多个方面。例如，要求高校增加就业指导课程的课时，确保学生能够系统地学习职业规划、求职技巧等知识；督促高校建立完善的就业信息服务平台，及时、准确地发布各类招聘信息，提高信息的匹配度和有效性。

然而，就业市场是一个多元主体参与的复杂生态系统，除了大学生和高校之外，用人单位、人力资源服务机构等同样扮演着不可或缺的角色。用人单位作为人才的需求方，其招聘行为、用人理念和劳动保障措施等，对大学生就业有着直接且深远的影响。部分用人单位在招聘过程中，存在过度追求名校背景和高学历人才的现象，设置不合理的招聘门槛，将大量有能力、有潜力的普通高校毕业生拒之门外，这不仅浪费了人才资源，也破坏了就业市场的公平竞争环境。还有些用人单位随意变更招聘岗位要求、不履行招聘承诺，甚至存在拖欠工资、不依法缴纳社会保险等侵害大学生合法权益的行为。

若不对这些行为进行全面、系统的监督与规范，将会产生一系列严重后果。首先，大学生在就业过程中可能面临更多的不公平待遇和就业风险，其就业能力的提升也会受到阻碍。因为在一个缺乏公平和规范的就业环境中，大学生的努力和才华可能得不到应有的认可和回报，这会打击他们的就业积极性，影响他们对自身职业发展的信心。其次，就业市场的公平秩序遭到破坏，市场的资源配置功能无法有效发挥，导致人才与岗位的错配，降低了就业市场的效率。最后，这种混乱的局面也不利于高校就业创业工作的顺利开展，影响高校人才培养目标的实现。

二、高校人才培养目标的清晰度亟待提高

就业能力培养目标，是高校在开展就业能力培养活动之前，基于对社会需求、学生发展以及教育资源的综合考量，所确立的预期培养成果。这一目标的核心在于，通过系统规划、有序实施一系列丰富多样的培养活动，涵盖专业课程教学、实践实训、职业指导等多个维度，助力大学生的就业能力达到既定的标准，以适应复杂多变的就业市场需求。

从教育的宏观视角来看，培养目标是教育根本目的的具象化呈现，宛如一条无形的纽带，紧密贯穿大学生就业能力培养的全过程。它不仅是教

育活动的出发点，更是引领教育活动持续推进的灯塔，在整个教育体系中占据举足轻重的地位。一个明确、科学且切实可行的培养目标，堪称大学生就业能力培养的灵魂与核心，它为教育管理者提供清晰的管理方向，引导其合理配置教育资源、制定科学的教学计划；为教育被管理者，即教师群体，指明教学重点与方向，助力他们因材施教、提升教学质量；同时，也为受教育者，也就是大学生，提供了明确的学习目标与职业发展路径，激发他们的学习动力与学习积极性。

反之，若培养目标含糊不清、脱离实际，就如同在茫茫大海中失去了导航的船只，教育的管理者将陷入决策困境，无法准确判断资源投入的重点与方向；教师难以把握教学的关键与精髓，教学活动可能流于形式、缺乏针对性；学生则会感到迷茫困惑，对自身的学习与职业发展失去方向感。如此一来，教育活动的推进必将困难重重，难以取得预期的实效，更无法实现培养高素质、高能力就业人才的初衷。

当代社会正处于快速的信息化、智能化变革之中。人工智能、大数据、云计算、物联网等前沿技术如雨后春笋般迅速崛起，催生了众多新兴产业与岗位，同时也推动着传统岗位的转型升级与数量缩减。面对这样的趋势，大学生若想在就业市场中站稳脚跟，就必须持续更新知识体系，提升实践操作能力，增强跨学科的综合素养，以契合社会快速变化的需求。就业市场对“高素质、综合型、创新型”人才的需求日益强烈，这无疑抬高了大学生的就业门槛。

高校作为人才培养的关键阵地，若不能紧跟时代步伐，及时调整教学内容与人才培养模式，就会导致学生在激烈的就业竞争中陷入被动，难以在就业市场中脱颖而出。就目前的形势来看，高等教育的规模持续扩张，为我国整体人力资本水平的提升注入了强劲动力，在社会进步、经济增长以及个人发展等诸多方面都发挥了不可忽视的强大助推作用。从宏观层面审视，高等教育的发展态势总体向好，各类高校在人才培养、学术研究等领域均取得了一定的成绩。然而，在这看似繁荣的表象之下，大学生结构性失业问题却日益凸显。另外，受数字化浪潮、跨学科融合、全球化趋势等多方因素的影响，学科边界逐渐模糊，单一知识体系难以满足需求，许多传统岗位也被自动化取代，学生需要掌握数据分析、编程等技能以及国际化视野和语言能力。然而，一些大学的专业课程和教学内容与企业的实际需求存在较大的差异，缺乏案例教学和实践教学，使得毕业生在实际工作中需要较长的适应期。这些现象深刻反映出当前大学生就业能力的培养质量与瞬息万变的市场需求之间存在着显著差距。

从表面现象分析，上述问题的产生主要源于两方面原因。一方面，高校在师资队伍建设方面存在短板。随着高等教育规模的不断扩大，学生数量急剧增加，而高校师资投入的数量却未能与之同步增长，师资短缺的问题日益严重。同时，部分高校在师资质量提升上也存在不足，一些教师的教学理念陈旧、教学方法单一，无法满足学生日益多样化的学习需求。这些因素导致高校在就业能力培养过程中，难以提供高质量的教学与指导，使得就业能力培养的实际效果大打折扣。另一方面，现代科技的飞速发展和产业结构的深度调整，正以前所未有的速度改变着劳动力市场的格局。新兴产业如人工智能、大数据、新能源等蓬勃兴起，对大学生的就业能力提出了更高、更复杂的要求。不仅需要他们具备扎实的专业知识，还需拥有跨学科的综合素养、创新思维以及实践应用能力。然而，部分高校在人才培养过程中，未能及时跟上时代的步伐，对市场需求的变化反应迟缓，课程设置和教学内容未能及时更新优化，导致培养出的学生就业能力与市场需求严重脱节。

这种目标的不明确，进一步导致学生、高校以及企业在大学生就业能力培养上出现认知偏差。学生在学习过程中，由于缺乏明确的目标指引，往往感到迷茫，不知道自己应该重点提升哪些能力，学习缺乏针对性和主动性。高校在人才培养过程中，由于目标模糊，在课程设置、教学方法选择、实践环节安排等方面缺乏明确的方向，难以形成科学有效的培养体系。而企业作为人才的最终需求方，对大学生的就业能力有着明确的期望，但由于高校与企业之间缺乏有效的沟通与合作，高校在培养目标的设定上未能充分吸纳企业的意见和建议，导致培养出的学生与企业实际需求存在差距。

此外，高校在明确就业能力培养需求方面，缺乏切实可行的举措。未能建立起完善的市场调研机制，无法及时、准确地了解市场对人才就业能力的需求变化。在制定培养目标时，往往凭经验或主观判断，缺乏科学的数据支撑和深入的行业分析。

三、就业环境有待净化

大学生就业能力的培养不能仅仅依赖学校教育，因为就业本质上是一种社会行为。作为社会群体的一部分，大学生需要在与社会互动的过程中逐步形成对就业的社会认知，并通过实践不断提升自身的就业能力。社会环境对大学生的影响深远，个人对就业的认知与感性经验相互作用，在自我意识的引导下，大学生将社会价值体系内化为个人价值观，并通过外化行为在实践中锻炼就业能力。这一过程循环往复、螺旋上升，推动大学生就业能力的逐步发展。然而，当前社会就业环境存在诸多问题，主要表现在社会实习实践机会匮乏、多方联合培养流于形式以及可能存在虚假招聘与就业歧视现象。

（一）社会实习实践机会匮乏

大学生参与社会实习实践是实现理论知识与实际应用相融合，提升自身综合素质与就业竞争力的关键环节。大学生获取社会实习实践机会主要分为两类典型模式。

一类是学校统一组织的企业实习。学校基于培养学生实践能力的教育目标，积极与各类企业建立合作关系，期望为学生提供实习平台。然而，在实际操作过程中，由于学生人数众多，而企业在场地、设备、指导人员等方面的接纳能力存在客观限制，致使这类实习往往仅能停留在以参观为主的认识层面。例如，在某工科院校组织的机械制造企业实习中，由于企业生产车间空间有限，一次仅能容纳少量学生进行现场观摩，大量学生只能走马观花地参观生产线，难以深入参与企业实际业务流程，参与产品研发、生产工艺改进等核心环节更是无从谈起。学生在实习过程中，实践操作和锻炼的机会极为有限，缺乏深度参与，难以真正将所学理论知识应用于实践，实习效果大打折扣。

另一类是由企业直接发布的实习机会，此类机会需要学生自主申请和选择。学生通过企业官网、招聘平台、校园宣讲会等渠道获取实习信息，然后依据自身兴趣、专业和职业规划投递简历、参加面试。这种方式给予学生一定的自主选择权，但也对学生的信息搜集能力、自我推销能力以及职业规划能力提出了较高要求。

然而，无论是学校统一组织还是学生自主申请的实习模式，当前社会实习实践机会的供给都远远无法满足大学生的需求。在部分高校，学生人数动辄数以万计，而与之形成鲜明对比的是，企事业单位所提供的实习岗位数量有限。如一些综合性大学的商学院，每年有数千名学生渴望通过实习积累经验，但周边企业提供的实习岗位仅有几百个，供需比例严重失衡。这种差距不仅体现在数量上，还反映在实习岗位的质量和专业匹配度上。许多实习岗位与学生所学专业关联性不强，学生难以在实习中提升专业技能，实现实习目标。

从企业角度来看，存在一种矛盾的态度。一方面，企业作为市场经济主体，追求经济效益最大化，在人力资源管理方面，期望招聘具备较强实践动手能力和相关工作经验的大学生，以减少新员工培训成本，提高用工效率。例如，在软件开发行业，企业更倾向于招聘能够熟练运用开发工具、具备项目经验的毕业生，这样可以使其迅速融入项目团队，为企业创造价值。对于毕业生不能迅速适应新工作的情况，企业往往表示不满，认为这增加了企业的运营成本和管理难度。另一方面，企业却又不愿意主动为大学生提供实习、实践的平台，不积极配合、参与高校的就业能力培养过程。这背后的原因是多方面的。一方面，企业担心接纳实习生会影响正常的生产经营秩序，增加管理成本；另一方面，由于实习生流动性较大，企业担心投入的培训资源无法得到相应回报。这种矛盾的态度，使得大学生获取实习实践机会变得异常艰难。

对于大学生而言，实习实践机会的匮乏严重制约了他们就业能力的提升。缺乏实习经历，大学生在求职过程中往往缺乏竞争力，难以向用人单位展示自己的实践能力和职业素养。同时，由于无法在实习中接触真实的工作场景和业务流程，大学生对职业的认知较为模糊，职业规划也缺乏明确的方向。长此以往，不仅影响大学生个人的职业发展，也不利于高等教育人才培养目标的实现，对社会经济的可持续发展产生潜在的负面影响。

（二）多方联合培养流于形式

在当下大学生就业能力培养体系中，高校、企业以及社会各界均已明晰协同合作的重要意义。理论上，通过三方紧密协作，能够整合资源，全方位提升大学生的就业竞争力，为社会输送契合市场需求的优质人才。然而，回归到现实操作层面，多方联合培养的成效却不理想，很大程度上陷入了形式主义的泥沼。

就高校与企业的合作状况而言，深度与持续性的匮乏是最为突出的问题。多数校企合作项目仅仅停留在浮于表面的合作框架搭建，并未触及真正的人才培养核心环节，难以实现资源的高效共享与优势互补。例如，在某高校的电子信息工程专业，校方与一家知名电子企业签订了合作协议，旨在通过校企合作提升学生的实践能力。协议签订后，虽对外宣称会为学生提供丰富的实习机会与专业培训，但在实际执行过程中，企业仅在开学初安排了一场走马观花式的企业参观活动，后续承诺的实习岗位迟迟未能落实，原定的专业技术培训也因各种理由被无限期搁置。如此一来，学生满怀期待而来，最终却空手而归，未能从这一合作项目中获取任何实质性的成长助力。

从政策层面来看，在推动校企合作进程中，政府政策支持力度的欠缺与监管机制的不完善，无疑成为多方联合培养的又一阻碍。目前，政府虽有鼓励校企合作的导向性政策，但缺乏配套的具体实施细则与激励措施。对于积极参与校企合作且成效显著的企业，未能给予足够的政策优惠与资金补贴；对于合作过程中敷衍了事的企业，也没有相应的惩处机制。这使得部分企业参与校企合作的积极性不高，仅仅将合作协议当作一种宣传噱头，而非真正投入精力参与人才培养。同时，在监督机制方面，由于缺乏明确的监督主体与严格的考核标准，导致政府对校企合作项目的执行情况难以进行有效监督与评估，即便发现合作存在问题，也无法及时督促整改，进一步削弱了多方联合培养的实际效果。

（三）可能存在虚假招聘与就业歧视现象

大学生在求职过程中，或多或少都会因性别、学历、毕业院校、地域、户籍、家庭等因素遭受不公平对待，这便是当前就业市场中普遍存在且亟待重视的就业歧视问题。例如，某些企业出于员工稳定性的考量，在招聘时会优先选择本省生源，某些城市的企业由于受到落户政策的限制，也会在一定程度上倾向于优先招聘本地生源。在性别方面，部分企业存在明显的性别偏好，会重点招收男大学生，尤其是一些体力劳动强度较大或被认为更适合男性的岗位，甚至在一些非传统男性优势领域也设置性别门槛。在学历和院校方面，部分企业设置 211、985 学校毕业的门槛，在工资待遇上搞差别对待，同一岗位中名校毕业生工资明显高于普通院校毕业生。还有的企业一味追求高学历、名校出身的人才资源，全然不顾岗位实际需求，导致就业歧视现象愈演愈烈。这种现象对大学生的价值观产生了严重的负面影响，使部分毕业生陷入就业能力无用的误区，认为自身无论如何努力提升能力，都难以改变因出身、学历等因素带来的不公平对待，极大地打击了他们的就业积极性和自信心。

与此同时，社会招聘信息缺乏权威机构的有效认证和监督。在招聘过程中，部分企业存在夸大福利待遇及公司发展前景的现象，岗位职责描述模糊不清，信息严重不透明。这使得大学生在求职过程中屡次上当受骗，而当遇到纠纷时，申诉渠道又不畅通，大学生往往无力维权。比如，一些小型创业公司在招聘时宣称提供高额的薪资待遇和广阔的晋升空间，但实际入职后却发现薪资与承诺相差甚远，晋升机会也极为渺茫。大学生想要维权，却因缺乏有效的监管机构和明确的法律条文而四处碰壁，这不仅损害了大学生的合法权益，也破坏了就业市场的正常秩序，让本就严峻的大学生就业形势雪上加霜。

社会就业环境的不完善制约了大学生就业能力的培养和提升。实习实践机会的匮乏、多方联合培养的形式化以及虚假招聘与就业歧视的多发，都成为大学生就业路上的障碍。要改善这一现状，需要政府、高校、企业和社会各界共同努力：政府应加强政策引导和监管，推动校企深度合作；高校应优化人才培养模式，注重实践能力的培养；企业应主动承担社会责任，提供更多实习机会；社会各界应共同营造公平、透明的就业环境。只有多方协同，才能为大学生就业能力的提升创造良好的外部条件，助力其实现高质量就业。

四、部分学生职业规划有待明晰

提升大学生就业能力，绝非仅关乎个体发展，而是需要国家、社会和学校等方面协同发力、共同推进。大学生自身的自我评价、社会认知以及自我规划等关键因素，都会对其就业能力产生深刻影响。大学生作为就业的核心主体，理应积极投身学校组织的就业能力培训活动，主动肩负起自身职业发展的责任。然而，当前部分大学生在职业规划方面存在明显欠缺，突出表现为自我评价不足、社会认知匮乏以及自我规划缺失。

（一）自我评价不足

自我评价是个体对自身思想、行为以及个性特点进行审视与判断的重要方式，其在大学生的成长与职业发展进程中发挥着关键作用。精准且恰当的自我评价，能够助力大学生深度剖析自我，实现科学合理的自我诊断，进而有力推动其就业能力的稳步提升。大学生作为就业活动的核心参与者，掌握着自身职业发展的方向。因此，着力培养大学生的自我评价能力，充分激发他们在就业活动中的积极性与主观能动性，显得尤为重要。

在大学生提升就业能力的历程中，主要涵盖自我激励、自我提升和自我行动这三个关键维度。自我评价的首要价值在于能够有效激发自我激励，促使大学生明确人生目标。当大学生对自身的优势与不足有清晰认知后，便能设定切实可行的目标，进而在目标的引领下积极进取。例如，一位计算机专业的学生，通过自我评价发现自己在编程算法方面较为薄弱，于是他主动参加相关的培训课程和竞赛，以此来提升自己的专业能力。这种自我激励的过程，能够极大地推动个体提升自我就业能力，最终实现全面发展。

自我评价的第二个重要作用是帮助大学生精准定位，清晰认识自身在就业能力方面的长处与短板。如此一来，他们便能确立正确的就业能力提升目标，并依据目标制订详细的行动计划，付诸实践，逐步实现能力的提升。大学阶段是人生的重要转折点，是个人成长与发展的黄金时期。在这一阶段，大学生必须高度重视自我评价的作用，通过不断反思与总结，持续完善自我认知，为未来的职业发展奠定坚实基础。

（二）社会认知匮乏

社会认知是个体对社会活动和行为的深入思考与认识。在大学生就业能力提升的过程中，社会认知主要体现在大学生对自身专业就业前景、行业动态、院校整体就业状况以及国家现行就业制度和政策等方面的了解与把握。这对于大学生提升自我就业能力意义重大。

一方面，大学生由于尚未真正踏入社会，社会阅历相对较浅，对社会的认知程度有限，这极易导致他们在就业认识上出现偏差。例如，有些大学生对某些新兴行业的发展趋势缺乏了解，盲目跟风选择热门专业，却在毕业后发现该专业市场饱和，就业竞争激烈。培养大学生的社会认知，能够帮助他们深入了解社会规则和就业知识，从而提升就业能力，实现全面发展。

另一方面，大学生作为社会群体的重要组成部分，既受到社会规则的约束，又能对社会发展产生积极的反作用，二者形成一种相互影响、相互促进的辩证关系。培养大学生的良好社会认知，不仅有助于提升他们的就业能力，还能推动社会的进步与发展。反之，若忽视社会认知的培养，大学生可能会陷入盲目乐观、唯专业知识论或唯社会应对能力论等误区。比如，一些学生认为只要专业知识过硬就能找到好工作，却忽视了团队协作、沟通表达等综合能力的培养，在求职过程中四处碰壁。因此，必须高度重视大学生社会认知的培养。

（三）自我规划缺失

自我规划是个体对自身未来发展目标和方向的清晰认知与规划。在就业能力提升方面，部分大学生存在自我规划缺失的问题，主要体现在学业目标规划和职业目标规划两个方面。

学业目标规划是大学生基于对自身的认识，制定明确的学业目标，并围绕目标开展实践活动的规划行为。科学合理的学业目标规划，能够显著提高学生学习的积极性，提升教育资源的利用效率，增强学生的市场竞争力，有效解决大学生在就业能力提升过程中“学什么、何时学、怎样学”的困惑。然而，当下一些大学生对学业目标规划的概念较为模糊，缺乏清晰的目标导向，导致学习主动性不强，容易产生惰性思维。还有部分大学生制定的学业目标与实际情况脱节，在执行过程中困难重重。例如，有的学生不考虑自身的学习基础和能力，盲目设定过高的学业目标，最终因无法实现而丧失信心。因此，加强对大学生学业目标规划能力的培养与训练，对于提高他们的就业竞争力至关重要。

职业目标规划是个体对自身职业生涯乃至整个人生进行长期、系统规划的行为。在大学生群体中，职业目标规划通常涵盖对未来职业的展望以及对事业成就的期望，对提高他们的就业能力具有强大的推动作用。根据猎聘大数据研究院发布的《2024 高校毕业生就业数据报告》，求职目标迷茫的毕业生占比略有上升，仅有 63.7%的 2024 届高校毕业生求职目标明确。相较于 2023 届毕业生，没有明确求职目标或者迷茫的毕业生占比略有上升，从 33.94%上升为 36.26%。比较来看，双一流高校毕业生、理工类毕业生和硕博毕业生群体中求职目标明确的学生更多。

第四节　大学生就业能力提升工作存在问题的原因

大学生就业问题始终备受关注。提升大学生就业能力，使其能够顺利进入职场并适应工作需求，成为高校、学生以及社会共同关注的焦点。然而，当前大学生就业能力提升过程中存在诸多问题，深入剖析这些问题产生的原因，对于解决大学生就业难题具有重要意义。

一、国家顶层设计的系统性和统筹性尚需完善

“顶层设计”这一概念出自系统工程学，其本义是指统筹考虑项目各层次和各要素，追根溯源，统揽全局，在最高层次上寻求问题的解决之

道。它是运用系统论的方法，从全局的角度，对某项任务或某个项目的各方面、各层次和各要素统筹规划，以集中有效资源、高效快捷地实现目标。顶层设计的首次正式出现是在“十二五”规划期间，它被引入到国家发展战略规划层面，标志着政府在政策制定与发展布局上开始运用更为系统、全面的思维方式。顶层设计作为一种全面且系统的规划理念，对大学生就业能力提升意义深远。顶层设计有三个主要特征，即顶层决定性，多方关联性和实际可操作性。结合我国目前的大学生就业能力发展现状，这三方面均存在问题，最突出的问题即三者的系统性和统筹性不足。

首先，顶层设计的首要特征是顶层决定性。其核心理念与目标均源自顶层，遵循从高端到低端的传导路径，底层受顶层掌控，低端受高端约束。顶层设计得以有效实施的逻辑前提，是存在一个处于顶层的强有力的强势政府。政府凭借管理规划、政策导向、财政支持等多方面优势，主导着社会资源的分配，为各项事业的发展奠定坚实基础。然而，审视现实中大学生就业能力培养的状况，不难发现政府在这一领域的行为存在明显短板。在大学生就业能力培养方面，政府行为呈现出“临阵磨枪”的特征，尚未将就业能力的培养提升到国家经济发展和整体国民素质提高的战略高度。当大学生就业受国民经济波动影响，面临严峻形势时，国家会迅速出台相关就业援助和就业帮扶政策，以缓解就业压力，一旦大学生就业矛盾相对缓和，便容易忽视就业能力培养这一根本性问题。这种应急式的处理方式，缺乏长远规划和持续投入，难以从根本上提升大学生的就业能力。在就业能力的国家规制方面，政府缺乏明确、统一的标准和规范，导致就业能力培养方向不够清晰；高校在人才培养过程中，因缺乏完善的制度引导，与市场需求的对接不够紧密，人才培养质量有待提高；在企业政策引导上，政府未能充分发挥政策杠杆作用，激励企业积极参与大学生就业能力培养，企业参与度较低；而就业诚信环境建设更是滞后，虚假招聘、就业歧视等不诚信行为时有发生，严重扰乱了就业市场秩序。为有效提升大学生就业能力，政府应充分发挥主导作用，构建完善的就业能力培养体系，从战略高度出发，克服当前存在的问题，不断完善制度建设，以促进大学生更充分、更高质量地就业，为国家经济社会发展提供坚实的人才支撑。同时，政府还需积极主导各种社会资源与高校开展联合培养机制，促进培养过程中各个环节面向社会的良性互动，形成政府、高校、企业和社会协同育人的良好局面。

其次，顶层设计的第二个特征是多方关联性。顶层目标与核心理念构成了顶层设计的核心活动中心，这就要求设计对象内部的各个要素之间必须建立起紧密的关联，实现相互匹配以及有机衔接。在政府开展大学生就业能力培养的顶层设计工作时，其重点并非进一步强化政府自上而下全面介入的强势地位。相反，关键在于从法律和制度层面，精准地厘清政府与高校、政府与企业等主体在大学生就业能力培养问题上各自的角色定位以及相互之间的关系。虽然政府、高校、用人单位以及学生自身，都有着提升大学生就业能力、促进就业，进而推动企业发展和社会经济进步的共同目标。然而，由于各方对于就业能力的认知和理解存在差异，在培养大学生就业能力过程中的职责划分不够清晰，定位不够明确，分工协作缺乏条理，彼此之间的协作关系也较为模糊。因此，迫切需要通过宏观制度的精心设计与科学指导，清晰地界定各方的角色和责任，确立一个相对稳定的制度结构。具体而言，要构建全面的大学生就业能力培养体系，包括正面教育体系，为大学生提供系统的知识和技能培训；实习实践体系，让大学生在实际操作中积累经验、提升能力；法律保障体系，为大学生就业能力培养以及就业过程提供坚实的法律后盾。同时，营造诚信、有序的良好环境，在为大学生就业能力培养提供明确方向指引的同时，释放出相对自主的发展空间，充分激发高校、企业等主体的自主性、创新性和探索性，共同推动大学生就业能力培养工作的有效开展。

最后，顶层设计的第三个特征是实际可操作性。其基本要求是表述简洁明确，设计成果具有实践可行性，所以，其成果应是可实施的、可操作的。在社会主义市场经济环境中，互利共赢是企业与高校实现深度人才培养协作的基石。倘若无法达成互惠互利，企业与高校之间就难以真正开展有效的人才培养合作。对于企业而言，相较于直接的行政干预，采用政策倾斜与财政鼓励的方式去引导企业行为，往往能收获更为显著的成效。政策的倾斜能够为企业参与人才培养提供更有利的发展环境，而财政鼓励则能切实增强企业的积极性，使企业更主动地投入到高校人才培养的合作之中。就高校层面而言，自上而下的简政放权、灵活机制以及深化改革至关重要。一方面，高校可通过提供有偿社会服务，向社会开放教学场馆和设备，将科研成果向企业推广，助力企业攻克技术研究难题。这不仅能提升高校科研成果的转化率，还能让高校在服务社会的过程中获得相应的收益，为高校的发展提供更多资源。另一方面，高校与企业的深度合作，能够提高企业参与人才培养的意愿，实现高校人才培养与企业实际需求的无缝对接。在依法监管的基础之上，高校应合理运用资本管理和运营，获取合法收益，从而更积极地投身市场竞争。这不仅能增强高校自身的经济实力，还能为高校的教学科研活动提供更充足的资金支持。同时，放宽高校的人事管理制度，打破传统用人机制的束缚，能够吸引更多专业人才投身高校教学活动，为高校注入新的活力。通过这一系列举措，推动高校与企业在真正实现互惠互利的前提下，开展科研和人才培养方面的实质性协作，共同为社会培养出更多符合市场需求的高素质人才，促进经济社会的高质量发展。

二、高校大学生就业能力提升理念相对滞后

随着经济社会的飞速发展，产业结构正以前所未有的速度进行着深度调整与升级，这也使得各行各业对人才就业能力的要求持续迭代，不断攀升。在这样的背景下，传统的人才能力标准已难以满足市场需求，市场对人才的综合素质、创新能力以及适应变化的能力都提出了更高层次的要求。近年来，高校持续扩大招生规模，从数量上看，高等教育培养的人才基本能够满足社会的一般性需求。然而，高校在人才就业能力提升理念上却未能紧跟社会发展的步伐，与社会实际需求存在明显的滞后性。这种滞后所引发的就业困境十分显著：一方面，大量高校毕业生在求职路上困难重重，他们怀揣着梦想踏入就业市场，却因自身能力与企业需求不匹配，难以找到契合自身期望的岗位，不断遭遇求职挫折；另一方面，企业在人才招聘中也面临着巨大挑战，急需的高素质、高技能人才短缺，严重制约了企业的创新发展与业务拓展。究其根源，高校人才就业能力提升理念与经济发展速度之间的脱节是造成这一困境的关键因素。这种脱节主要体现在以下三个方面。

（一）重学科建设轻市场需求

自新中国成立至今，我国高等教育长期深受苏联凯洛夫教学思想的影响。尽管社会经济发展迅速，高等教育也在不断更新教育思想观念，积极探索新的人才培养模式，但其模式总体上仍延续了传统的教育理念，呈现出“重学科建设、轻市场需求”的倾向。高校在学科建设、专业设置、培养方案设计、教学方法选择以及师资队伍组建等方面，更多依据自身的学科特点和学术逻辑，而对现实市场需求的关注度不足。这种以学科为中心

的教育模式，导致人才培养的效果与社会实际需求之间出现了明显的脱节，难以满足经济新常态下对高素质应用型人才的迫切需求。作为人才培养的重要平台，高校应当主动面向市场，将社会需求作为学科建设的重要考量因素，确保大学生就业能力的培养与社会实际需要紧密衔接。然而，在这一问题上，学界和社会也存在不同的声音。有观点认为，高校的核心使命在于知识传承和培育社会精英，学科建设和专业设置与学生的就业问题并无直接关联，高校不应沦为企业的附庸，更不应成为用人单位的职业技能培训场所。这种观点反对为了单纯提高就业率和就业质量而采取“头痛医头、脚痛医脚”的功利主义教育方式，强调高等教育应保持其独立性和学术性。

关于高等教育是否应当市场化的争论由来已久。事实上，完全市场化或完全学科化都不是正确的态度。根据高等教育的外部关系规律，教育必须紧跟社会发展的步伐。这一规律主要体现在两个方面：其一，社会经济、政治和文化的发展理念对教育具有约束作用，教育必须适应社会发展的需求；其二，教育作为社会发展的推动力量，应当促进社会政治、经济和文化的进一步进步。因此，高等教育不能脱离社会经济发展的现状而独善其身，而是应当在充分重视市场需求的同时，不断完善学科建设，努力平衡学术性与应用性之间的关系。

具体而言，高校应当在以下几个方面进行改进：首先，加强市场调研，深入了解行业和企业对人才的需求，及时调整专业设置和课程内容，确保人才培养的方向与市场需求保持一致。其次，推动校企合作，建立产学研一体化平台，为学生提供更多的实践机会，增强其解决实际问题的能力。再次，改革教学评价体系，不仅注重学生的理论知识掌握情况，还要重视其实践能力、创新能力和职业素养的培养。最后，高校应当树立危机意识，主动适应经济新常态下的挑战，将就业能力培养贯穿教育教学全过程，从招生、教学到就业指导，形成系统化的培养体系。

总之，高校在坚持学术性和知识传承的同时，必须正视市场需求的变化，努力在学科建设与社会需求之间找到平衡点。只有这样，才能培养出既具备扎实专业知识，又具有较强就业能力和创新精神的高素质人才，真正实现高等教育与社会经济发展的良性互动。

（二）重理论轻实践

在新时代背景下，大学生就业能力提升过程中重理论轻实践的问题依然存在且较为突出，主要体现在以下几个方面。

1. 课程设置不合理

许多高校在课程体系构建上，理论课程占比过高，实践课程的比重不足，而且课程教学与实际工作需求脱节，导致学生无法将所学理论应用到实际操作中。根据2024年本科生就业发展报告统计，2023届本科计算机类、电子信息类专业中从事与专业相关工作的毕业生对核心课程有效性的评价不容乐观。在核心课程重要度方面，计算机类专业毕业生给出的评价仅为81%，电子信息类专业毕业生的评价则是77%，而全国本科平均水平在这一维度上达到了85%。核心课程满足度同样如此，计算机类专业毕业生的满意度为82%，电子信息类专业为80%，均低于全国本科平均88%的满意度。这一系列数据表明，这两个专业的核心课程无论是重要性的体现还是对学生需求的满足程度，学生给出的评价都与全国平均水平存在一定差距。

与此同时，在对课程内容的反馈上，计算机类、电子信息类专业毕业生也反映出明显问题。认为“课程内容不实用或陈旧”的比例较高，2023届计算机类专业达到48%，电子信息类专业为41%，而全国本科平均比例仅为37%。在当今科技飞速发展的时代，尤其是人工智能领域，技术更新迭代的速度超乎想象。新的算法、模型和应用场景不断涌现，如自然语言处理中的Transformer架构带来了NLP领域的巨大变革，图像识别技术在医疗影像分析、自动驾驶等领域的应用日益广泛。然而，计算机类和电子信息类专业的课程设置和内容更新却未能紧跟行业发展的步伐。部分高校的教学中，教师依然将大量时间花费在讲解过时的编程语言和算法上，对当下热门的深度学习框架、大数据处理技术等前沿知识涉及较少。在电子信息类专业中，课程内容未能及时融入5G通信技术的最新应用、物联网与人工智能融合的创新实践等内容，使得学生所学知识与行业实际需求之间出现了明显的断层。这种滞后性导致学生在进入职场后，难以迅速适应工作岗位的新要求，无法将所学知识有效地应用到实际工作中，不仅影响了学生个人的职业发展，也使得企业在招聘和培养人才时面临更多的挑战，进而制约了整个行业的发展速度和创新能力。

2. 实践教学环节薄弱

一方面，实践教学资源匮乏。部分高校的实验室设备陈旧、数量不足，无法满足学生的实践需求；校外实习基地建设也不完善，缺乏稳定的合作企业，导致学生实习机会有限且实习质量不高。另一方面，实践教学指导不到位。实践课程的指导教师往往缺乏企业实际工作经验，难以给予学生专业、实用的指导。还是以2023届本科计算机类、电子信息类专业毕业生为例，他们在就业过程中清晰地认识到，电脑编程能力和疑难排解能力是岗位中最为重要的基本工作能力。电脑编程作为这两个专业领域的核心技能之一，贯穿软件开发、硬件设计、系统集成等多个关键环节。无论是开发一款热门的手机应用程序，还是构建复杂的智能硬件系统，都离不开高效且精准的编程能力。而疑难排解能力同样不可或缺，在实际工作中，电子信息系统或计算机程序出现故障和问题是常态，快速定位问题根源并有效解决，是保障系统稳定运行和项目顺利推进的关键。

然而，从能力达成效果的数据来看，毕业生这两项关键能力的满足度均偏低。在电脑编程能力方面，电子信息类专业毕业生的满足度为77%，计算机类专业毕业生为81%；疑难排解能力的满足度，电子信息类专业毕业生是83%，计算机类专业毕业生是85%。与之形成鲜明对比的是，全国本科平均水平在这两项能力的满足度上均达到了89%。如此显著的差距，充分反映出电子信息类、计算机类专业毕业生在实际操作能力和问题解决能力方面，与岗位需求存在着明显的不匹配。

这种不匹配给毕业生个人和企业都带来了诸多困扰。对于毕业生而言，在求职过程中，由于能力短板，他们可能会错失一些优质的就业机会；入职后，也难以快速适应工作节奏，影响自身的职业发展。从企业角度出发，招聘到的毕业生无法迅速胜任工作岗位，意味着企业需要投入更多的时间和成本进行二次培训，这无疑增加了企业的运营成本，也在一定程度上影响了企业的创新效率和市场竞争力。

3. 考核评价体系不完善

目前高校对学生的考核评价主要以理论考试成绩为主，注重对知识记忆和理解的考查，对实践能力和综合素质的考核比重较低。考试形式多为闭卷考试，题型以选择题、填空题、简答题等理论性题目为主，难以全面考查学生的实践操作能力、创新思维能力和解决实际问题的能力。这种考核评价体系使得学生将主要精力放在理论知识的学习和记忆上，忽视了自身实践能力的提升。

4. 校企合作深度不够

虽然许多高校都意识到校企合作对培养学生实践能力的重要性，但在实际操作中，校企合作往往停留在表面，缺乏深度和广度。学校与企业之间的合作多为短期的实习安排或简单的项目合作，缺乏长期稳定的合作机制。企业参与学校人才培养的程度较低，无法将企业的实际需求和最新技术及时反馈到学校的教学中，导致学校培养的学生与企业实际需求存在差距。

（三）重知识传授轻能力培养

很多高校的教学目标依旧侧重于知识的系统性传授，过于强调学生对专业知识体系的掌握程度，将大量的教学时间和精力投入到理论知识的讲解上。例如在人文社科类专业中，教学重点往往放在对经典理论、学术著作的解读，忽视了培养学生的批判性思维、独立研究能力和社会洞察能力，使得学生虽然熟知理论知识，但在面对实际社会问题时却缺乏分析和解决问题的能力。课程内容也过于注重理论知识的堆砌，缺乏与实际应用和能力培养的紧密结合。专业课程中充斥着大量的概念、原理和历史发展脉络等内容，而与职场技能、实际操作相关的内容却寥寥无几。如计算机专业，课程内容过多集中在编程语言的语法规则讲解，却很少涉及如何运用这些语言进行实际项目开发，导致学生虽然掌握了编程语言知识，但在实际开发中却无从下手。同时，许多高校的就业指导工作缺乏对学生职业规划、求职技能和职场适应能力的系统性培养，就业指导课程内容空洞，缺乏针对不同专业和行业的个性化指导，针对性和实效性有待提升，与能力培养脱节。另外，跨学科能力、职业素养教育和创新能力等方面的培养也存在一些不足，难以适应职场文化和新时代需求。

三、大学生自我学习内驱力不足

所谓内驱力，是指驱使个体做出某种行动的内在力量。对于大学生而言，就业能力自我培养的内驱力，就是他们内心深处对提升就业能力的强烈渴望。与高中阶段紧凑且目标明确的学习模式不同，大学生活充满了更多的探索性与自主性。学习时间相对宽松，学生拥有广阔的自主选择空间，无论是参与丰富多彩的社团活动，还是借助图书馆、网络课程等多元学习渠道获取知识，都由自己主导。然而，现实中不少大学新生难以顺利完成从高中到大学的过渡，出现了诸多问题。他们在学业价值取向上陷入混乱，内心缺乏强大的内驱力，仿佛置身于茫茫大海中失去了航向，在大学校园里迷失了自我。具体表现为学习态度不端正，缺乏勤奋刻苦的精神，对各类活动参与积极性不高，自律能力差，时常无所事事，甚至沉迷于网络世界，白白浪费了宝贵的大学时光。

美国发展心理学家奥苏伯乐指出，学生努力学习的驱动力主要涵盖三种：认知内驱力、自我提高内驱力和附属内驱力。

首先，认知内驱力。这是一种源自对未知事物的强烈好奇心和对知识的热切渴望的心理倾向，知识本身就是其核心追求目标。在当下，部分大学生由于高中时期生涯规划教育的缺失，在高考填报志愿选择专业时，缺乏对自身兴趣和职业方向的清晰认知，过于盲目。例如，有的学生仅仅因为某些专业热门，或者听从家长的建议，而选择了自己并不感兴趣的专业。入学后，面对专业课程的学习，他们提不起兴趣，甚至产生抵触情绪，导致认知驱动力严重不足。在学习过程中，这种对专业知识缺乏内在探索欲望的状态，使得他们难以全身心投入，学习效果自然不佳。

其次，自我提高内驱力。它是个体以获得社会成就为满足的内在力量，在追求成就的征程中，不断努力提升自身实力，本质上是一种外部驱动力。在社会生活中，个人能力与所获得的社会成就和地位密切相关。在追求成就和地位的过程中，个人能力也会得到相应的提升。但我国长期的应试教育模式带来了一些负面影响。一方面，学生的学习经历和视野相对局限，对社会成就和地位的理解过于狭隘，往往仅将其与高收入、高职位简单画等号。另一方面，“唯学习论”的僵化思维深入人心，学生片面地认为只要努力学习，取得优异的考试成绩，就能自然而然地获得社会成就。进入大学后，这些学生依然延续高中时期的学习习惯，只专注于应付考试，不积极参与校园活动，忽视了自身社会应对能力的培养，导致社会化进程缓慢。此外，若过分夸大自我提高内驱力的作用，会使大学生的学业价值取向带有浓厚的功利色彩。部分大学生错误地认为读大学的唯一目的就是获取财富和地位，于是采取各种不正当手段投机取巧，心态浮躁，不愿脚踏实地地扎实努力。比如，有的学生为了获得奖学金或荣誉称号，不惜抄袭他人成果，这种行为不仅违背了学术道德，也不利于自身的长远发展。

最后，附属内驱力。个人以获得朋友、家长、专家和他人的赞赏为目标，为了获得他人的认可而努力学习的内在动力称为附属内驱力，其同样属于外部驱动。它与自我提高内驱力最大的区别在于满足需求的途径不同，自我提高内驱力对应的是具体的、物化的奋斗目标，而附属内驱力追求的更多是精神层面的满足。对于大学生来说，高中时期主要以学习成绩作为评价学生的主要标准，进入大学后，“好学生”的评价标准变得更加多元化，学生可以因在学术研究、社会实践、文体活动等不同方面的出色表现获得多方赞许。这本是校园文化开放和进步的体现，但却在一定程度上导致了大学生学业价值观的混乱。在时间和精力有限的情况下，大学生往往陷入迷茫，不知道应该追求哪一种成功，这种混乱最终导致他们行动乏力。例如，有的学生既想在学术上取得好成绩，又想在社团活动中崭露头角，还想参加各种竞赛获得荣誉，结果因为精力分散，每个方面都做得不尽如人意。

大学生就业能力自我培养内驱力不足，会产生一系列严重后果。一方面，导致学业和就业规划不清晰，缺乏明确的学业目标，导致他们在大学期间浑浑噩噩，不知道自己未来要从事什么职业，也不清楚为了实现职业目标需要在大学期间积累哪些知识和技能。另一方面，引发自我管理失调，表现为对自身成长问题感到焦虑，但又缺乏有效的自我管理能力，在缺少老师和家长严格监管的大学环境中，变得无所适从。

第三章　全方位发挥学生主体作用，锻造核心竞争力

第一节　自我认知与职业定位

一、了解自我：兴趣、优势与价值观

在提升就业能力的过程中，首先需要深入了解自己，明确自己的兴趣所在、优势特长以及核心价值观。这不仅有助于大学生选择适合自己的职业方向，还能在求职过程中更好地展示自我。

（一）兴趣：发现内心的热情所在

兴趣，是大学生内心深处的一团火焰，它点燃了我们对世界的好奇与探索欲望，是职业生涯规划中极为重要的一环。兴趣是一种能让我们在从事相关活动时，全身心投入，甚至忘却时间流逝的强大内在动力，是大学生提升就业能力的强大引擎。当大学生对某一领域产生浓厚兴趣，便会主动投入时间与精力，在专业学习中更具专注度和求知欲，促使他们深入钻研专业知识，积极参与实践活动，将理论与实际紧密结合，不断提升创新与实践能力。凭借兴趣进行职业规划，能让大学生精准定位职业方向，在工作中遇到困难时，兴趣又能转化为强大的动力，赋予他们职业韧性和适应能力，使他们在就业之路上稳步前行，不断提升自身竞争力，实现个人价值与职业目标。

1. 多途径探索兴趣

对于大学生而言，兴趣是开启自我认知大门的钥匙。大学是探索兴趣的黄金时期，校园里丰富的资源为学生提供了广阔空间。一方面，参与社

团活动是很好的途径。学校的话剧社能让热爱表演的学生展现才华，在剧本创作、角色塑造中发现自己在戏剧领域的潜力；机器人社团则为对科技感兴趣的学生提供了动手实践的机会，通过搭建和编程，挖掘对人工智能、自动化控制的兴趣。另一方面，选修课程同样关键。跨学科的选修课程，如心理学、经济学、艺术鉴赏等，能让学生接触到不同领域的知识，拓宽视野，激发新的兴趣点，可能让原本只专注理工科的学生，发现自己对人文学科的热爱。

2. 兴趣助力学习成长

兴趣是学习的最佳导师，它能够激发人的内在动力，提升学习效率，并帮助个人在成长过程中不断突破自我。对于大学生而言，兴趣不仅是学习的催化剂，更是职业发展和个人成长的重要推动力。一旦大学生明确自己的兴趣所在，这份兴趣便如同安装了强劲的引擎，成为推动他们学习的强大助推器。就拿对历史满怀热忱的大学生来说，他们在校园里，对于学校精心开设的历史课程，绝不只是被动接受知识，而是全神贯注，每一堂课都像是开启一场穿越时空的奇妙之旅，积极与老师互动，不放过任何一个历史细节。课余时间，他们的身影频繁出现在图书馆的历史文献区，在浩如烟海的古籍、近现代历史研究著作中穿梭，手指轻轻翻阅泛黄的书页，沉浸在不同时代的历史故事里。当夜幕降临，他们或许会坐在电脑前，观看一部部制作精良的历史纪录片，从影像资料中直观感受历史的风云变幻，仿佛目睹古代王朝的兴衰更迭、重大历史事件的波澜壮阔。此外，他们还热衷于参加各类历史文化讲座，不管是校内知名学者深入浅出的讲解，还是校外专家带来的前沿研究成果分享，他们都积极参与，不放过任何一个学习的机会。

这种源自兴趣的主动探索，让他们不再局限于书本上的知识，而是深入到历史的脉络之中。他们开始思考历史事件背后复杂的政治、经济、文化因素，理解不同文化内涵在历史长河中的碰撞与交融，逐渐积累起丰富而深厚的知识储备。最终，他们将取得更具深度和创新性的学习成果，为未来在历史研究、文化教育等领域的长远发展筑牢根基，在这些领域绽放属于自己的光芒。

3. 兴趣成就职场优势

在竞争激烈的就业市场，兴趣是大学生脱颖而出的法宝。如今的就业市场竞争激烈，用人单位不仅看重求职者的专业技能，更注重其对工作的热情和投入程度。他们深知，一个对工作充满热情的员工，在面对工作中的困难和挑战时，会展现出强大的内驱力，主动寻找解决问题的方法，而不是消极对待。当大学生能够幸运地将兴趣融入职业选择时，他们在工作中所展现出的状态与其他人截然不同。以对设计感兴趣的大学生为例，他们在学习期间就会主动参与各类设计项目，不断提升自己的审美能力和设计技巧。在求职过程中，他们丰富的设计作品和对设计的独特见解，往往能吸引用人单位的目光。一旦进入职场，基于兴趣的强大驱动力，他们会主动关注行业的最新动态，不断学习新的设计理念和技术，积极参与各种设计项目，并且在工作中充满激情，乐于尝试新的创意和方法，表现出极高的积极性和创造力。这种积极的工作态度不仅能让他们在工作中取得优异的成绩，也更容易获得领导和同事的认可，为他们的职业发展打下坚实的基础。

（二）优势：认清自己的能力与特长

在职业发展进程中，清晰认知自身优势是实现职业成功的基石。优势，从本质而言，是个体在特定领域展现出的超越常人的能力或具有显著发展潜力的特质，如同深埋于地下的富矿，其价值有待挖掘与释放。依据霍兰德职业兴趣理论，个人的能力与兴趣紧密相连，当个体从事与自身优势相匹配的职业时，更容易获得成就感与满足感，进而提升职业稳定性与工作绩效。因此，深入剖析自身优势，是个体在职业选择与发展道路上做出明智决策的关键前提。

1. 如何识别优势

首先，自我反思。回顾过往经历是洞察自身优势的有效途径。依据经验学习理论，个体通过对过往成功与失败经历的反思，能够提取有价值的信息，从而识别自身的优势与不足。在学习情景中，若学生在数学建模课程中屡次取得优异成绩，能够快速理解复杂的数学模型并成功应用于实际问题的解决，这极有可能暗示其具备较强的逻辑思维、数理分析以及问题解决能力。在工作实践方面，曾成功组织大型活动或者参与组织大型活动的学生，从活动策划到现场调度都安排得有条不紊，该过程充分体现了其出色的组织协调、资源整合以及应变能力。在日常生活场景中，当身边朋友遭遇困境时，总能凭借耐心倾听与精准建议帮助其排忧解难，这反映出个体具备良好的沟通、共情与人际交往能力。这些在不同场景下的高光时刻，均为我们探寻自身优势提供了重要线索。

其次，他人反馈。由于个体对自身的认知存在一定局限性，他人的反馈往往能提供独特视角。社会学习理论强调观察学习与替代经验的重要性，他人对我们的评价与反馈，如同镜子一般，帮助我们更全面地认识自己。团队成员可能会称赞你在团队讨论中总能提出新颖观点，激发大家的思维碰撞，这反映出你具有较强的创新思维与发散性思维能力；老师或许会评价你在小组项目中展现出卓越的领导才能，能够合理分配任务，充分调动小组成员的积极性，这表明你具备一定的领导与团队管理能力；同学可能会认可你在面对突发状况时冷静沉着，能够迅速找到解决方案，这体现出你拥有出色的应变与危机处理能力。虚心接纳他人的反馈，有助于我们突破自我认知的局限，更全面地挖掘自身的优点与特长。

最后，实践验证。实践是检验真理的唯一标准，也是识别自身优势的重要手段。通过参与实习、项目工作以及各类竞赛活动，个体能够在真实的工作场景中检验自身能力。在实习期间，若能高效完成数据处理任务，运用数据分析工具挖掘数据背后的潜在价值，为企业决策提供有力支持，这说明学生具备扎实的数据处理与分析优势；在项目工作中，能够带领团队攻克技术难题，按时完成项目目标，这凸显了学生在专业技术、团队协作以及领导能力等多方面的优势；在竞赛中，凭借独特的创意与精湛的专业技能脱颖而出，斩获佳绩，这充分展示了学生的创新能力与专业技能水平。通过实践验证，学生能够更直观、准确地了解自身在不同领域的优势所在。

2. 优势的分类

硬技能。硬技能是指通过系统的专业学习与训练所获得的专业技术能力，其具有高度的专业性与针对性。随着科技的快速发展与社会分工的日益细化，硬技能在职业发展中的重要性愈发凸显。以计算机科学领域为例，熟练掌握 Python、Java 等编程语言，能够独立完成软件项目的开发与维护，是从事软件开发工程师、数据分析师等职业的必备技能；在设计领域，精通 Adobe Photoshop、Sketch 等设计软件，能够进行高质量的平面设计、UI 设计，是成为优秀设计师的关键；在传媒行业，具备出色的新闻写作、文案策划能力，能够撰写引人入胜的新闻稿件、富有创意的广告文案，是从业者的核心竞争力；在金融领域，熟练运用 Excel、SQL、SPSS 等数据分析工具，进行数据收集、整理与深度分析，为投资决策提供数据支持，是金融分析师、风险评估师等岗位不可或缺的技能。

软技能。软技能是指那些通用性较强，适用于多种工作场景与职业领域的能力。软技能虽然不像硬技能那样具有明确的技术指标，但在个体的职业发展中起着至关重要的作用。无论是在课堂上向老师清晰阐述自己对知识点的理解与见解，还是在小组作业中与同学协同合作、共同攻克难题，还是在社团活动里与其他成员交流想法、组织策划活动，良好的沟通能力都能确保信息准确、高效地传递，避免误解与冲突，促进学习和校园活动的顺利开展；卓越的领导力能够明确团队目标，激发团队成员的内在动力与创造力，在面对困难与挑战时，引领团队团结一心，共克难关；出色的团队合作能力使个体能够迅速融入不同的团队，充分发挥自身优势，与团队成员相互协作，实现共同目标；高效的时间管理能力则能够帮助个体合理安排工作与生活，提高工作效率，在有限的时间内完成更多高质量的任务。

个人特质。个人特质是个体内在的、相对稳定的品质与特征，是个人优势的重要组成部分。拥有耐心的人，在教育、医疗、客服等需要长期投入与细致服务的行业中，能够始终保持专注与热情，为他人提供优质、贴心的服务；细心的人在财务、质量检测、科研实验等对准确性要求极高的工作中，能够避免因疏忽而产生的错误，确保工作的高质量完成；富有创造力的人在广告创意、艺术设计、产品研发等注重创新与突破的领域，能够不断提出新颖的想法与独特的解决方案，为企业带来新的发展机遇；具备强大抗压能力的人，在面对高强度的工作压力与复杂多变的工作环境时，能够保持冷静、理性，积极应对，出色地完成任务。

3. 优势与职业的匹配

将自身优势与职业方向进行精准匹配，是实现职业成功的核心要素。根据人职匹配理论，当个体的能力、兴趣与职业要求相匹配时，个体在工作中能够发挥最大潜能，实现个人价值与职业目标的有机统一。若个体擅长沟通与协调，在市场营销领域，能够精准把握消费者需求，策划出具有吸引力的营销活动，有效拓展客户资源，提升产品市场份额；从事公关工作时，能够妥善处理企业与媒体、公众之间的关系，塑造良好的企业形象；在人力资源管理岗位上，能够与员工进行深入沟通，了解其需求与职业发展规划，合理配置人力资源，提升团队整体绩效。若个体逻辑思维能力强，在编程行业，能够快速理解复杂的业务逻辑，编写高效、稳定的代码；在工程领域，能够运用严谨的逻辑思维进行工程设计、分析问题与制定解决方案；投身咨询行业，能够从海量信息中提炼关键点，为客户提供专业、可行的咨询建议，助力企业发展。

（三）价值观：明确内心的追求与底线

价值观是个体在职业和生活领域中所秉持的核心原则与坚定信念，在人生的漫漫征途中指引方向。它不仅深刻影响着个体的行为决策，还在职业选择与发展进程中扮演着举足轻重的角色。依据心理学家施瓦茨的价值观理论，价值观是个体行为的内在驱动力，不同的价值观取向会引导个体走向截然不同的职业道路。清晰认知自身价值观，能够助力个体精准定位契合内心追求的工作环境与发展路径，有效规避在职业生涯中陷入迷茫与困惑的可能。

1. 如何明确价值观

首先，思考核心问题。深度反思在职业领域中最为看重的要素，是揭开自身价值观面纱的关键起点。薪资待遇无疑是众多求职者关注的焦点之一，较高的薪资不仅能满足物质生活需求，还在一定程度上体现个人价值与市场认可度；工作稳定性则为个体提供安全感与可预测性，使人们能在相对稳定的环境中规划职业与生活；职业成就感源于对工作成果的认可与自我价值的实现，它能激发个体的内在动力，促使其不断追求卓越；社会影响力反映个体渴望通过工作对社会产生积极改变，推动社会进步。例如，一位从事教育行业多年的教师，在回顾职业生涯时，发现自己始终将学生的成长与发展视为重中之重，这表明其在职业中高度重视对他人的积极影响，即社会影响力这一价值观在其职业选择与发展中占据核心地位。

其次，列出优先级。对各类重要价值观进行优先级排序，有助于个体在面临职业选择时做出更为理性的决策。工作与生活的平衡在现代快节奏的社会中愈发受到关注，它关乎个体身心健康与生活质量，确保个体在努力工作的同时，有足够时间陪伴家人、发展个人兴趣爱好；职业发展空间决定了个体在职业生涯中的成长潜力与晋升机会，为追求自我实现的个体提供广阔舞台；团队氛围影响着个体在工作中的归属感与协作效率，积极向上的团队能激发创造力与工作热情；社会贡献体现个体对社会责任的担当，满足个体对社会价值的追求。以一位即将毕业的大学生为例，他在面临不同企业的工作邀请时，通过对自身价值观优先级的梳理，明确工作与生活的平衡以及职业发展空间对自己至关重要，从而选择了一家注重员工培养且工作强度相对合理的企业。

最后，反思过往选择。回顾在学习、实习或生活中的重大决策，是洞察自身价值观的有效途径。大学生在选择大学专业时，若因对某个领域的浓厚兴趣而毅然选择该专业，背后反映的可能是对个人成长与兴趣满足的追求；实习期间，选择参与具有挑战性的项目，即便面临较大压力，也可能源于对自我提升与职业成就感的渴望；在生活中，积极参与志愿者活动，牺牲个人休息时间为他人提供帮助，体现了对社会贡献的重视。通过对这些过往选择的深入剖析，能够清晰呈现出个体在不同阶段所秉持的价值观，为未来职业决策提供有力参考。

2. 价值观的类型

内在价值观。个体对自我成长与发展的深切追求，体现了内心深处对自我实现的渴望。个人成长意味着个体通过持续学习新知识、掌握新技能，不断突破自身局限，实现综合素质的全面提升；创造力则驱动个体积极探索新思路与新方法，在工作和生活中推陈出新，为个人与社会创造独特价值；独立性表现为个体对自主决策与行动的追求，能够独立思考、解决问题，按照自己的节奏与方式实现发展；成就感则源于个体对自身努力成果的认可，当达成目标或取得进步时，内心会涌现出强烈的满足感与自豪感。

外在价值观。外在价值观聚焦个体所处的外部环境与物质条件，是衡量个体生活质量与职业选择的重要维度。薪资待遇作为核心外在指标之一，直接影响个体的生活水平与经济保障，是工作价值的重要体现；社会地位则反映个体在社会中的声誉与认可度，较高的社会地位往往意味着更多的资源获取机会与影响力；工作环境涵盖物理条件与人文氛围，舒适的工作场所与和谐的人际关系不仅能提升工作效率，还能增强职业幸福感；而稳定性则为个体提供了生活保障与心理安全感，使其能够在相对可预期的环境中规划长远发展。

社会价值观。社会价值观体现个体对社会整体利益与公共福祉的深切关怀，强调个人行为与社会发展的紧密联系。社会贡献是其中的核心，表现为个体通过自身工作或行动为社会解决问题、推动进步，例如医生救死扶伤、教师教书育人、科研人员攻克技术难题等；环境保护则反映了个体对生态平衡与可持续发展的责任感，致力于减少污染、保护自然资源，为子孙后代创造更好的生存环境；公平正义则强调社会资源分配的合理性与公正性，旨在维护社会秩序与和谐稳定。

3. 价值观与职业的契合

选择与自身价值观高度契合的职业和企业文化，是实现职业满意度与职业成功的关键因素。根据人职匹配理论中的价值观匹配原则，当个体的价值观与所在职业和企业的文化价值观相契合时，个体在工作中会感受到更强的归属感与认同感，工作积极性与绩效也会显著提升。若个体高度看重社会贡献，选择非营利组织工作，直接参与公益项目，为弱势群体提供帮助，实现社会价值；投身教育行业，通过传授知识、培养人才，为社会发展奠定基础；从事环保行业，致力于改善生态环境，保护地球家园。若个体追求创新和挑战，创业公司充满不确定性与无限可能，能够充分激发个体的创新思维与冒险精神；科技行业技术更新换代迅速，不断涌现新的挑战与机遇，为追求创新的个体提供广阔舞台。

二、职业探索：行业研究与职业选择

在大学生的成长与发展进程中，职业探索是至关重要的环节，而行业研究与职业选择则是其中的关键组成部分，直接影响着大学生未来的职业走向与人生发展。

（一）行业研究：洞察产业脉络

行业研究是大学生深入了解外部职场环境的基石。如今，网络资源丰富得如同璀璨的星空，为我们提供了无数了解职业的途径。各大招聘网站，如前程无忧、智联招聘、BOSS 直聘等，海量的职位信息如同潮水般涌来，让我们能够直观地了解不同职位的职责要求。比如，一个软件开发工程师的职位，可能要求应聘者熟练掌握多种编程语言，具备良好的算法设计能力和问题解决能力，能够独立完成软件模块的开发和测试。同时，我们还能了解到该职位的薪资待遇，这对于我们评估自身的价值和职业回报具有重要意义。不同地区、不同企业的软件开发工程师薪资可能会有较大差异，一线城市的大型互联网企业往往能够提供更高的薪资和更好的福利待遇。工作地点也是我们需要考虑的重要因素，有些同学可能更倾向于在自己熟悉的家乡工作，以便照顾家人；而有些同学则希望到一线城市打拼，追求更广阔的发展机会。

行业报告是我们了解行业动态与发展趋势的重要窗口。艾瑞咨询、麦肯锡等知名机构发布的行业报告，就像专业的导游，带领我们深入洞察行业的现状。通过这些报告，我们可以了解到某个行业当前的市场规模、主要竞争对手以及市场份额分布情况。同时，报告还会分析行业面临的挑战与机遇，为我们的职业选择提供宏观视角。以人工智能行业为例，行业报告可能会指出，随着技术的不断进步，人工智能在医疗、金融、交通等领域的应用越来越广泛，市场需求呈现快速增长的趋势。然而，该行业也面临着技术瓶颈、数据安全等挑战。这就提醒我们，如果选择从事人工智能相关职业，不仅要关注行业的发展机遇，还要提前做好应对挑战的准备，不断提升自己的技术能力和解决问题的能力。

阅读相关书籍也是职业探索中不可或缺的一环。《你的降落伞是什么颜色?》《职场晋升 101》等书籍，犹如智慧的宝库，从不同角度阐述了职业规划与发展的方法和策略。《你的降落伞是什么颜色?》通过一系列实用的练习和案例，帮助我们深入了解自己的兴趣、技能和价值观，从而找到相匹配的职业。它就像一位贴心的职业顾问，引导我们思考自己真正想要从事的工作，以及如何在众多职业选择中找到最适合自己的那一个。《职场晋升 101》则专注于职场晋升的技巧和方法，为我们提供了宝贵的经验与启示。它教导我们如何在职场中展现自己的能力，如何与同事和领导建立良好的关系，以及如何抓住晋升的机会。这些书籍就像黑暗中的明灯，为我们在职业探索的道路上照亮前行的方向。

人物访谈更是获取一手职业信息的不二之选，其重要性不言而喻。当大学生与投身目标职业的学长学姐以及行业资深专家展开交流时，就如同与经验老到的航海家促膝长谈，他们丰富的阅历与独到的见解，将为大学生照亮职业探索的前路，使大学生得以清晰洞察他们的职业发展轨迹。学长学姐们作为刚从校园步入职场的亲历者，他们分享的经历真实而鲜活。从初入校园时懵懂的职业憧憬，到在求职过程中遭遇的求职碰壁、激烈竞争等种种困难与挑战，以及凭借自身的努力、坚持和智慧成功克服困境的宝贵经验，都能让大学生感同身受，提前做好应对准备。这些经验分享不仅是他们个人成长的记录，更是大学生未来求职路上的珍贵指南。而行业专家站在行业发展的前沿，凭借深厚的专业知识和丰富的行业经验，从宏观视角为大学生解读行业的发展趋势与未来前景。他们剖析行业的政策导向、技术革新以及市场需求变化，让大学生对目标行业的发展脉络有了更清晰的认知，从而提前规划自己的职业发展路径，避免走弯路。通过与他们的深度对话，大学生不仅能全面了解目标职业日常工作中的酸甜苦辣，知晓所需的专业技能、综合素质，还能获取许多实用的职场建议，例如如何建立职业人脉、如何在工作中不断提升自己等。这些一手信息和经验分享，将成为大学生提升就业能力的有力支撑，帮助大学生在未来的职业道路上走得更加稳健、自信。

（二）职业选择：匹配个人与职业

在进行充分的行业研究基础上，大学生要进行职业选择。首先，要对自身的兴趣、优势和价值观进行深度剖析。正如前文所提及，兴趣是推动学习和工作的强大动力，若大学生对教育行业充满兴趣，那么从事教师、教育产品研发等相关职业可能更易获得满足感与成就感。其次，结合自身的专业技能和能力素养。例如，计算机专业的学生，具备扎实的编程能力，可考虑软件工程师、数据分析师等职业方向；而市场营销专业的学生，擅长沟通与市场推广，适合从事市场专员、品牌策划等工作。同时，个人的价值观也会影响职业选择，重视工作生活平衡的大学生，可能更倾向于选择工作强度相对较低、加班较少的职业岗位。最后，关注职业的发展前景与晋升空间。一些新兴职业，如数字化转型顾问、碳排放管理师等，随着社会经济的发展和政策导向，具有广阔的发展前景和上升空间，大学生选择这类职业，未来可能获得更多的发展机遇。但也要注意，新兴职业可能面临一定的不确定性，需要大学生具备较强的学习能力和适应能力。

职业探索中的行业研究与职业选择是一个相辅相成的过程。大学生通过深入的行业研究，了解不同行业的特点与发展趋势，为职业选择提供丰富的信息参考；而在职业选择过程中，大学生结合自身实际情况，做出符合个人发展的决策，从而在未来的职业生涯中实现个人价值与社会价值的统一。

（三）职业目标：短期与长期规划

明确目标职业后，制定科学合理的职业规划就如同为自己绘制一幅详细的航海图，指引大学生在职业的海洋中驶向成功的彼岸。职业规划应包括长期目标与短期目标，它们相互关联，共同构成了大学生职业发展的蓝图。

长期目标是我们对未来 5 年、10 年甚至更长远的职业愿景，它就像远方闪耀的灯塔，为我们指引着前进的方向。比如，立志成为一名资深的律师，这意味着在未来的职业生涯中，要在法律领域深耕细作，成为行业内备受尊敬的专业人士。又或者希望成为知名企业的高管，能够带领团队创造卓越的业绩，推动企业的发展。还有人渴望成为行业专家，在自己擅长的领域拥有深厚的造诣，能够为行业的发展贡献自己的智慧和力量。

短期目标则是为实现长期目标而设定的阶段性任务，通常以学年或学期为单位。它们就像一个个坚实的基石，支撑着大学生逐步迈向长期目标。以立志成为律师为例，大学期间的短期目标可以进行如下规划。

1. 大一至大二：扎实学习法学专业基础课程

这一阶段是为整个法学专业学习生涯筑牢根基的黄金时期。法学专业的课程体系既丰富又复杂，民法、刑法、法理学、宪法学等基础课程，每一门都蕴含着深厚的法律原理与实践智慧，是构筑法律知识大厦的基石。这一阶段，法学专业学生必须以最饱满的热情和专注度全身心投入到课堂学习之中，提前预习课程内容，标记出疑惑点，带着问题去听讲，课堂上聚精会神，不错过老师讲解的任何一个关键知识点，工整且有条理地做好笔记，将重点内容、案例分析以及自己的思考感悟详尽记录，方便课后复习回顾。同时，积极踊跃地参与课堂讨论，勇敢表达自己的观点见解，与老师和同学们展开思想的碰撞，在交流中深化对知识的理解。

法学是一门知识体系庞大且不断更新发展的学科，仅仅局限于课堂所学远远不够。课余时间，法学专业学生应广泛涉猎各类法律书籍和文献，从经典的法学著作，如孟德斯鸠的《论法的精神》、卢梭的《社会契约论》，到当下前沿的法律研究成果，通过阅读不同时期、不同领域的法律资料，拓宽自己的知识面，了解法学发展的历史脉络与前沿动态，培养敏锐的法律思维。通过国家统一法律职业资格考试，无疑是法学专业学生在这一阶段的重要长远目标。法考被誉为“天下第一考”，其涵盖内容广泛、考查深度大，要想顺利通过绝非易事，因此制定详细且科学的学习计划至关重要。法学专业学生应将整个备考周期划分为基础学习、强化巩固、冲刺模拟等阶段，合理分配每个阶段的学习时间与任务。例如，在基础学习阶段，按照法考大纲要求，系统学习各个学科的基础知识，搭建起完整的知识框架；强化巩固阶段，针对重点难点进行深入学习，通过大量的案例分析和真题演练加深理解；冲刺模拟阶段，严格按照考试时间和要求进行全真模拟考试，提前适应考试节奏和氛围。

参加专业的培训课程也是法学专业学生提升学习效果的有效途径。专业培训机构的老师有着丰富的教学经验和对法考命题规律的深入研究，能够帮助法学专业学生准确把握考试重点，梳理知识体系，掌握实用的解题技巧。在培训课程中，还能结识众多志同道合的同学，与他们建立学习小组，定期交流学习心得、分享学习资料，相互监督、共同进步，借助集体的力量提高学习效率。

在日常学习中，法学专业学生每天都要安排固定的时间进行法律知识的学习和复习。早晨可以利用头脑清醒的时间背诵法律条文、概念定义；白天结合课堂学习内容，深入理解知识点，并通过做练习题来检验学习效果，分析错题原因，及时查漏补缺；晚上则对当天所学知识进行系统回顾总结，强化记忆。此外，法学专业学生还应定期进行模拟考试，严格按照考试时间和要求作答，锻炼自己的答题速度、时间分配能力以及应对考试压力的心理素质。通过不断地学习、练习、总结、反思，持续巩固所学知识，提升自己的应试能力，法学专业学生才能为顺利通过国家统一法律职业资格考试，开启法律职业道路奠定坚实基础。

2. 大二至大三：参加模拟法庭比赛

这是一个锻炼自己辩论能力与法律实务操作能力的绝佳平台。在比赛筹备前期，精心准备是迈向成功的第一步。这要求辩手全身心投入到对案件材料的深度剖析中，不放过任何一个细节。面对浩如烟海的案件资料，逐字逐句研读，将案件事实按时间线梳理清晰，标注出关键情节与证据线索。同时，精准定位案件的争议焦点，这是整个辩论的核心所在。通过查阅大量的法律法规、司法解释以及相关案例，辩手运用所学的法学理论知识，对争议焦点进行多维度分析，预测对方可能提出的观点和论据，从而制定出切实可行、攻守兼备的辩论策略。例如，在涉及合同纠纷的模拟法庭案件中，仔细审查合同条款，分析合同的订立、履行、变更以及违约责任等方面是否存在问题。研究相关法律条文，如民法典中关于合同编的具体规定，以及过往类似案例的判决结果，以此为依据构建自己的辩论逻辑框架。同时，针对对方可能对合同条款的不同解读、对证据效力的质疑等情况，提前准备好应对方案，确保在比赛中能够从容不迫。

比赛过程中，充分展现自身的专业素养与综合能力至关重要。语言表达能力是辩手向评委和对手传递观点的桥梁，要做到清晰、流畅、准确且富有感染力。在阐述观点时，运用简洁明了的语言，避免冗长复杂的句子结构，确保每一个观点都能被准确理解。逻辑思维能力则是辩论的灵魂，论点之间要环环相扣，论证过程严谨合理，从事实陈述到法律适用，再到结论推导，形成一个完整且无懈可击的逻辑链条。

团队协作精神在模拟法庭比赛中同样不可或缺。辩手与团队成员密切配合，明确各自的分工，充分发挥每个人的优势。在准备阶段，共同讨论案件，分享不同的观点和思路，互相补充完善辩论策略。比赛现场，成员之间要保持良好的沟通与默契，当队友发言时，认真倾听并做好记录，以便在后续环节中能够及时给予支持和补充。在面对突发情况时，如对方提出意想不到的观点或证据，团队成员要迅速做出反应，共同商讨应对之策，展现出团队的凝聚力和应变能力。

通过参与模拟法庭比赛，辩手能切实有效地提升法律应用能力。在实际场景中运用所学法律知识解决复杂问题，深刻理解法律条文在不同案件情景下的具体适用方式，不再局限于书本上的理论学习。同时，应变能力也能得到极大锻炼。比赛中，面对对手的各种挑战和突发状况，辩手需要迅速做出判断并给出合理回应，这使得思维更加敏捷，能够在未来的律师执业中灵活应对各种复杂多变的法律事务。

3. 大三至大四：争取到律师事务所实习

这是法学专业学生从理论知识学习过渡到法律实务操作的关键转折点。初入律所，秉持积极主动的学习态度是融入律所文化、汲取专业知识的基石。律所中的资深律师与同事，在长期执业历程中积累了涵盖法律检索、案件分析、客户沟通及团队协作等多维度的高效工作方法与丰富实践技巧。实习生应在日常工作中保持敏锐的观察力，从基础的文件整理到复杂的案件资料检索，从与客户的初次沟通到团队内部的协同作业，每个环节都蕴含着学习契机。面对法律适用的疑惑、案件细节的分析以及职场人际关系的处理等问题，实习生需主动把握正式会议、日常交流等各种沟通机会，积极向同事与上级请教，从而快速融入律所工作节奏，吸收宝贵的实践经验。

在实习进程中，深度参与实际案件办理是提升专业能力的核心路径。从案件受理的起始阶段，实习生便应积极跟进，全面了解案件背景、当事人诉求，学习运用所学理论知识对案件进行初步的法律分析与定性判断。调查取证环节是还原案件事实的关键步骤，实习生需跟随资深律师深入实践，掌握合法合规获取有效证据的方法，包括与证人的有效沟通技巧、证据真伪及关联性的辨别能力等。法律文书撰写是律师专业能力的重要体现，实习生应从简单的法律意见书、起诉状入手，深入研习文书的格式规范、语言逻辑与法律观点的精准表达，通过反复打磨提升文书写作水平。

若有机会参与出庭辩护，实习生可在法庭严肃的氛围中，学习律师如何运用法律逻辑进行有力辩论、应对庭审突发状况以及说服裁判者，借助观摩与实践提升自身的庭审实战能力。

通过全程参与案件办理的各个环节，实习生能够将抽象的法学理论知识具象化，切实理解法律条文在现实法律实务中的运用逻辑，熟悉律师职业的完整工作流程与执业环境。每完成一个案件，实习生都应进行全面的复盘总结，深入分析自身在案件处理过程中的优势与不足，以此为基础制定针对性的改进计划，实现专业能力的持续提升。此外，实习阶段也是拓展法律职业人脉资源的黄金时期。在律所内部，与同事建立良好的合作关系不仅有助于当下工作的顺利开展，更为未来的职业发展积累了同行与合作伙伴资源，彼此之间的经验分享与资源交流能够促进共同成长。在与客户互动过程中，实习生应以专业、热情、负责的态度满足客户需求，展现扎实的专业素养，赢得客户信任，为未来职业发展积累潜在客户资源。同时，实习生还应积极参与律所组织的各类行业活动、学术研讨会，与更多同行、专家学者建立联系，拓展人脉圈子，及时了解行业前沿动态与最新法律理念，为自身职业发展开辟更为广阔的空间。

第二节　学习规划与知识积累

一、制订个性化学习计划

在学习的征程中，制订个性化学习计划是实现高效学习和知识积累的关键一环，它如同航海中的指南针，为我们指引前行的方向。

（一）明确学习目标

目标是学习计划的核心与导向。首先，学生需对自身的学习现状进行全面评估，包括各学科的成绩、知识掌握程度以及技能熟练程度等。基于此，设定长期和短期目标。长期目标可着眼于未来的职业方向或升学规划，例如，立志成为医生的学生，长期目标可设定为考入知名医学院并取得医学学位；想要从事计算机编程的学生，则以进入顶尖科技企业为长期目标。短期目标则要具体且具有可操作性，以学期或月度为时间单位，如本学期数学成绩提高 15 分，本月掌握一门编程语言的基础语法等。明确的目标能让学生在学习过程中有清晰的方向，避免盲目努力。

（二）合理安排学习时间

时间，作为学习进程中极其珍贵且有限的资源，其合理分配对于学生的学业发展起着关键作用。合理安排时间能够让学生在有限的时间内高效地完成学习任务，提升学习效果。学生需要全面考量多方面因素，来制订科学合理的时间规划。一方面，要依据课程表明确每日固定的上课时段，确保课程学习时间得到充分保障。另一方面，还需依据学习任务的难易程度进行统筹安排，将难度较大的任务分配在精力充沛、思维活跃的时间段，简单任务则可穿插在碎片化时间完成。通过综合以上要素，制定出一份详尽、适宜的时间安排表，有助于有条不紊地开展学习，最大程度地利用好每一分每一秒，实现学习效益的最大化。

（三）选择学习方法

古人云“工欲善其事，必先利其器”，这句名言深刻揭示了工具和方法对于做事成效的关键意义。在学习领域，合适的学习方法如同工匠手中的精良器具，能让学习过程事半功倍，大幅提升学习效率。由于各学科的知识架构、思维模式和考察重点存在显著差异，加之不同类型的知识，如理论性知识、实践性知识、记忆性知识等，其内在特性也各不相同，所以需要适配与之对应的学习方法。比如，对于逻辑性强的学科，可能需要运用构建知识框架、推导原理等方法；对于注重记忆的内容，则可采用联想记忆、间隔复习等技巧。只有精准把握不同学科和知识类型的独特要求，灵活运用恰当的学习方法，才能充分挖掘自身的学习潜力，高效掌握知识，实现学业上的稳步提升。在制订学习计划时，若能将合理安排时间与适配学习方法相结合，必能让学习之路更加顺畅。此外，学生还可以结合自身的学习风格，如视觉型学习者可多利用图表、图片等资料辅助学习；听觉型学习者则可通过听讲座、音频课程等方式提升学习效果。

（四）定期评估与调整

学习计划并非一经制订就一成不变的蓝图，它需要依据实际学习状况进行定期评估与灵活调整。在学习进程中，学生应当建立起稳定的自我检查机制，例如每周或每月专门抽出特定时间，对自己的学习进度展开细致梳理，深入剖析知识掌握的程度。将实际达成的学习成果与预先设定的计划目标进行全方位、多角度的对比，精准找出两者之间存在的差距。一旦察觉到某些学习任务未能如期完成，切不可忽视，而要深入探寻背后的原因。这背后的因素可能是学习方法存在偏差，无法契合知识的特性与学习需求；也可能是时间分配不够合理，导致任务执行时捉襟见肘。明确问题根源后，要果断采取行动，及时对学习计划进行调整。学生可以尝试优化现有的学习方法，使其更贴合自身的学习习惯与知识特点，或者重新规划时间安排，确保各项任务都能获得充足且合理的时间资源。通过这样的方式，能够保证学习计划始终与自身的学习需求和发展节奏完美适配，助力学习之路更加平稳顺畅。

制订个性化学习计划是一个系统工程，需要学生充分了解自身情况，综合考虑各种因素，精心规划并严格执行。只有这样，学生才能在学习过程中实现知识的有效积累和能力的稳步提升，为未来的职业发展和个人成长奠定坚实的基础。

二、夯实知识储备，铸就职业根基

当我们不断积累专业知识，精通行业技能，就能在面对复杂的工作任务时游刃有余。无论是攻克技术难题，还是把握市场趋势，深厚的知识储备都能成为我们最坚实的后盾。它不仅助力我们在职业生涯中稳步晋升，更能让我们在竞争激烈的职场中脱颖而出，开拓出属于自己的广阔天地，实现人生价值与职业理想的完美融合。

（一）夯实专业知识，深耕核心领域

在职业发展的道路上，扎实的专业知识和深耕核心领域是立足之本，如同建筑的根基，决定了个人发展的高度与稳定性。无论行业如何变化，深厚的专业功底始终是核心竞争力。大学生在校期间应专注于本专业的学习，系统掌握理论知识，并通过实践不断强化应用能力，从而在某一领域形成自己的专业优势。这种优势不仅体现在对基础知识的熟练掌握上，更体现在将理论转化为实际解决问题的能力上。例如，工程专业的学生通过参与项目实践，能够将课堂所学的设计原理应用于实际工程问题的解决；医学专业的学生则通过临床实习，将医学理论与患者诊疗相结合，提升临床思维与操作技能。

深耕核心领域不仅要求掌握现有的知识体系，还需要紧跟行业前沿，持续更新知识储备。在科技飞速发展的今天，许多领域的技术和理论都在不断迭代更新，这种动态变化对个体的学习能力提出了更高的要求。行业前沿往往代表着最新的研究成果、技术突破和发展趋势，个体需要通过多种渠道及时获取这些信息，并将其融入自身的知识体系。同时，持续更新

知识储备还意味着对现有知识的反思与重构，个体需要不断审视自己的专业认知，剔除过时的观念，吸收新的理论与方法。这种持续学习的过程不仅能够帮助个体保持专业竞争力，还能培养其应对复杂问题的能力与创新思维。在快速变化的时代，只有不断更新知识储备，才能在核心领域中保持领先地位，并为职业发展注入持久的动力。创新竞赛或实习实践，将理论知识与实际应用紧密结合，能够进一步提升个体的专业深度与广度。

此外，深耕核心领域还需要培养批判性思维与创新能力。仅仅掌握现有知识并不足以在竞争激烈的职场中脱颖而出，个体还需具备独立思考、发现问题并提出创新解决方案的能力。例如，一位在环境科学领域深耕的研究者，不仅需要掌握环境监测与治理的技术，还需要思考如何通过技术创新推动可持续发展；一位在法律领域深耕的从业者，则需要在熟悉法律法规的基础上，探索如何通过法律手段解决新兴的社会问题。

扎实的专业知识和深耕核心领域是职业发展的基石，它不仅为个体提供了安身立命的根本，还为其未来的职业进阶奠定了坚实基础。大学生应在学习与实践的过程中，不断夯实专业基础，开拓专业视野，培养创新思维，从而在职业发展的道路上行稳致远，铸就属于自己的职业大厦。

（二）跨学科学习，打造多元知识结构

当今时代，学科之间的界限逐渐模糊，单一的知识结构如同独木舟，难以在波涛汹涌的社会海洋中稳健前行，跨学科学习成为培养综合型人才、拓宽学生知识面的重要途径。它打破了传统学科的壁垒，鼓励学生整合不同领域的知识和方法，以全新的视角去理解和解决问题。大学生若仅局限于本专业的知识范畴，不仅会限制自身的视野，还可能在面对复杂多变的职业环境时显得力不从心。因此，广泛涉猎其他领域的知识，构建多元知识结构，显得尤为重要。

多元知识结构不仅能够拓宽思维的广度，还能增强个体的适应能力与创新能力。例如，理工科学生若能掌握一定的人文社科知识，便能在技术研发中更好地考虑社会需求与伦理问题；而文科学生若具备一定的数据分析能力，则能在信息时代更具竞争力。这种跨领域的知识融合，如同为独木舟加装了多功能的引擎与导航系统，使其在面对风浪时更加从容不迫。此外，多元知识结构还能为职业发展提供更多可能性。在职场中，复合型人才往往更受青睐，因为他们能够从多角度分析问题，提出更具创造性的解决方案。例如，一位既精通计算机技术又了解市场营销的毕业生，在互联网行业中可能比单一技术背景的同行更具优势。多元知识结构不仅是个体职业发展的“加速器”，更是其应对未来不确定性的“护城河”。

因此，大学生应主动打破学科壁垒，积极选修跨领域课程，参与多元化的实践活动和跨学科项目，自主学习与研究等方式拓展知识边界。唯有如此，大学生才能将自身打造成一艘坚固的巨轮，在职业发展的航程中乘风破浪，驶向更加广阔的天地。

第三节　培养实践能力

实践能力是大学生将所学知识转化为实际行动的关键能力，对于个人的职业发展具有不可替代的作用。在现实职场中，企业往往更看重求职者的实践经验和解决实际问题的能力，而非单纯的理论知识储备。根据猎聘网发布的《2024 高校毕业生就业数据报告》，企业评价毕业生首要的因素是“相关实习经历或社会实践”，占比 76. 38%。这一数据清晰地表明，实习经历已成为企业衡量毕业生能力的重要标准，也是毕业生在就业市场中脱颖而出的关键因素。由此我们可以得知，实习经历不仅是对理论知识的实践检验，更是毕业生职业竞争力的重要体现。

一、实习的重要性

在竞争日益激烈的就业市场中，实习已成为个人职业发展路径上不可或缺的一环，为大学生提供了宝贵的学习与探索平台。它不仅能帮助个人将理论知识应用于实际工作场景，还能为未来的职业选择奠定坚实基础。了解实习的重要性与选择策略，对于每一位追求职业成功的人都具有重要意义。

首先，实习经历能够直观地反映毕业生的实践能力与职业素养，是企业评估其是否具备岗位胜任力的重要依据。在实习过程中，学生需要将课堂所学的理论知识转化为解决实际问题的能力，这种从理论到实践的跨越，不仅考验学生的专业知识掌握程度，还对其综合应用能力提出了更高要求。在实习阶段，学生置身于真实的职场环境，面临着各种复杂多变的实际工作任务。这就要求他们必须将课堂上所学到的理论知识，灵活且巧妙地转化为解决实际问题的有效能力。这一从理论迈向实践的关键跨越过程，绝非轻而易举之事，它犹如一场全方位的考验，不仅深度检验学生对专业知识的掌握程度，细致到每一个概念、每一条原理的理解与运用，还对其综合应用能力提出了更高层次的要求。其中涵盖了逻辑思维能力，以便能够有条不紊地分析问题；沟通协作能力，确保在团队工作中与同事高效配合；应变创新能力，当面对突发状况或传统方法无法解决的难题时，能够迅速做出反应并提出创新性的解决方案。这种综合性的能力提升，不仅有助于学生在实习期间出色地完成工作任务，更对其未来的职业发展道路产生着深远而持久的影响，为他们顺利融入职场、在职业生涯中取得长远发展奠定了坚实的基础。

其次，实习经历是毕业生职业适应能力的重要证明。随着商业环境的快速变迁与市场竞争的日益白热化，企业在招聘环节愈发青睐那些能够迅速融入职场环境、无缝对接工作节奏的毕业生。这背后的逻辑在于，快速适应意味着更低的培训成本与更高的工作效率，能使企业在激烈的市场角逐中抢占先机。在实习期间，学生仿佛踏入了一个与校园截然不同的新世界。职场，这个充满机遇与挑战的领域，有着一套独特的运行规则。从基本的职场礼仪，如邮件的规范撰写、会议中的恰当举止，到复杂的职场人际关系处理，每一个细节都关乎着个人的职业发展。而企业文化，作为企业的灵魂，渗透在工作的方方面面，从企业的价值观、使命愿景，到日常的工作氛围、团队协作方式，都在潜移默化地影响着每一位员工。通过实习，学生得以深入了解这些内容，提前熟悉企业的行事风格与管理模式。同时，对岗位职责的深度认知，让学生清楚知晓自己在工作中的角色定位与任务要求，明白如何高效地完成工作任务，如何与团队成员协同合作以达成共同目标。

当学生在实习中积累了这些宝贵的经验与认知后，在正式步入职场时，他们便能凭借这些前期储备，迅速融入新的工作环境。他们能够更快地理解工作指令，熟练运用所学知识与技能开展工作，在面对工作中的各种问题时，也能凭借实习期间培养的应变能力与解决问题的能力从容应对。这种先发优势，不仅能帮助他们在职业生涯初期站稳脚跟，更能为他们后续的职业晋升与发展开辟广阔的道路，使其在职业生涯的长跑中脱颖而出。

最后，实习经历为毕业生提供了与行业接轨的机会。实习经历作为毕业生职业生涯发展的关键节点，为其搭建起一座紧密连接校园与行业的桥梁，提供了极为难得的与行业深度接轨的契机。在知识经济蓬勃发展、科技变革日新月异的当下，行业生态始终处于动态演变之中，而实习则成为学生洞察这一变化态势的前沿窗口。在实习阶段，学生得以深度嵌入行业运作体系。一方面，通过参与企业日常运营、项目推进等实践活动，学生能够敏锐捕捉到行业内的最新动态。从宏观层面的政策法规调整、市场格局重塑，到微观层面的企业战略转型、产品服务创新，这些动态信息犹如一面镜子，映射出行业发展的脉搏与走向。另一方面，学生能够近距离接触到行业前沿的技术趋势。无论是新兴技术在生产流程中的应用、数字化工具在业务管理中的普及，还是智能化手段在客户服务中的创新实践，都拓宽了学生的技术视野，使其对行业技术变革的方向与路径有更为直观且深刻的理解。

尤为重要的是，实习为学生展现了多元化的职业发展路径。在实习过程中，学生与不同岗位、不同层级的从业者交流互动，深入了解各岗位的职责范畴、技能要求、职业晋升通道以及发展前景。这种全方位的职业认知，有助于学生基于自身的兴趣爱好、专业特长以及职业目标，对未来的职业选择进行审慎的思考与权衡。学生能够依据所获取的行业信息，明确自身在职业发展道路上的优势与不足，进而制订更具针对性、前瞻性的职业规划，为未来顺利融入职场并实现可持续发展奠定坚实基础。

实习经历所赋予学生的与行业接轨的机会，是其职业发展进程中不可或缺的宝贵财富。它不仅丰富了学生的行业知识储备，更在潜移默化中塑造了学生的职业思维与职业素养，使其在未来的职业选择与发展中具备更强的适应性与竞争力。因此，大学生应高度重视实习机会，积极寻找与自身职业目标相关的实习岗位，并通过实习不断提升自己的综合素质与职场竞争力。只有这样，才能在激烈的就业市场中占据优势，实现职业发展的目标。

二、实习的选择策略

（一）明确个人目标

在选择实习时，明确个人目标是至关重要的第一步。学生需要通过自我评估，了解自己的兴趣、技能和长期职业规划，从而设定清晰的短期和长期目标。短期目标可以聚焦于获取特定技能或项目经验，而长期目标则应与职业发展方向紧密相关。在申请和面试过程中，清晰地阐述这些目标，并展示如何通过实习实现它们。同时，保持灵活性，根据实际情况调整目标，确保实习经历始终与职业愿景一致。明确的目标不仅有助于学生筛选合适的实习机会，还能使学生在实习过程中更有方向感和收获感。

（二）关注实习岗位内容

实习岗位的工作内容是学生职业成长的核心驱动力，直接关系到其专业能力的提升和未来职业发展的方向。选择实习岗位时，学生应优先考虑其与自身专业背景及长期职业目标的匹配度，确保岗位内容不仅能够提供实践机会，还能带来深度的学习和成长空间。理想的实习岗位应具备一定的挑战性，能够促使学生在实践中突破自我，培养解决问题的能力和创新思维。同时，岗位内容应涵盖行业前沿知识或核心技能，帮助学生构建系统的专业知识体系，并为其职业发展积累有价值的经验。此外，实习岗位还应提供多样化的任务和职责，避免单一化、机械化的重复性工作，以确保学生能够在多元化的实践中全面提升综合素质。因此，选择实习岗位时，学生应重点关注其内容的深度、广度和成长潜力，确保实习经历能够为未来的职业发展注入持续的动力。

（三）借助多种渠道寻找实习机会

寻找实习机会的渠道多种多样。学校的就业指导中心是学生寻找实习机会的优质渠道，其发布的实习信息紧密贴合本校学生的专业和学历层次，针对性极强，并且经过学校的严格审核筛选，可信度极高，学生能从中精准定位到与自身适配的实习岗位。而智联招聘、前程无忧等招聘网站，凭借海量的信息资源和强大的搜索功能，成为获取实习信息的重要平台，丰富多样的实习岗位为学生提供了广阔的选择空间，满足不同专业、不同兴趣方向的需求。参加招聘会和企业宣讲会也是很好的选择，在招聘会上，学生能与众多企业面对面交流，快速了解岗位详情，而宣讲会则让学生深入知晓企业的文化、业务和人才需求，增加求职成功率。社交媒体和校友网络同样不可忽视，在社交媒体上关注企业官方账号或加入相关求职社群，能及时获取第一手实习资讯；校友基于共同的母校情谊，往往更愿意分享内部实习机会并提供宝贵建议。

实习在个人职业发展中具有不可替代的重要性，它是培养实践技能、深化职业认知、积累人脉资源和提升就业竞争力的关键途径。只有正确认识实习的重要性，掌握科学的选择策略，才能充分利用实习机会，实现个人职业发展的目标，为未来的职业生涯打下坚实的基础。未来，随着就业市场的不断变化和发展，实习的形式和内容也将不断创新，需要我们持续关注和探索，以更好地适应职业发展的需求。

三、参与项目工作：理论与实践的结合

在当下竞争白热化的社会环境中，大学生的成长与未来发展，越来越仰仗全面且扎实的能力塑造。而参与校内校外项目，无疑是提升大学生实操能力的关键路径，有助于他们在未来的职场天空中自由翱翔。

在校园这片知识的沃土中，积极投身于老师的科研项目，能引领学生深入学术研究的深邃领域，精心培育严谨的科研思维与实践能力。以理工科专业的学生为例，参与实验室项目就如同踏入了一个充满未知与惊喜的科学探索宇宙。实验室里，各类先进的实验设备琳琅满目，这些设备恰似学生们探索科学奥秘的得力助手，每一次操作都是与科学真理的亲密对话。通过亲手操控实验设备，学生能够将抽象晦涩的理论知识具象化，将书本上的概念转化为直观可感的实验现象。在进行物理实验时，操作高精度的测量仪器，精准测量物理量，亲眼验证物理定律，这种亲身体验能让学生对物理知识的理解达到前所未有的深度。

实验设计堪称科研项目中的核心环节，其重要性堪比一场精心布局的战役。学生需要依据研究目的以及已掌握的知识储备，构思出科学合理的实验方案。这一过程对学生的专业素养和创新思维提出了极高要求，需要他们全方位考量各种因素，精准筛选合适的实验方法与技术路线。在设计生物实验时，从实验样本的选取、实验条件的严格把控，到实验步骤的细致规划，每一个细节都关乎实验的成败，都需要学生深思熟虑，以确保实验的科学性与可靠性。数据分析则是从实验数据中挖掘宝藏的过程，学生需要熟练运用统计学方法与专业数据分析软件，对海量数据进行精细处理与深入分析，从而提炼出科学的结论。经过参与实验室项目，学生的动手实操能力与科研水平将得到质的飞跃，为未来投身科研事业或相关领域的工作筑牢根基。

参加学校组织的创新创业项目，诸如“互联网+”大学生创新创业大赛、挑战杯等，是大学生锻炼创新思维与创业能力的黄金契机。在这些项目中，学生们满怀着创新的激情，奋力将脑海中的创意转化为实实在在的成果。与团队成员共同探讨创新想法的场景，恰似一场精彩纷呈的头脑风暴，各种新奇独特的思维在这里激烈碰撞、深度融合。大家从不同视角出

发，踊跃提出各式各样的创意与建议，经过反复研讨与筛选，最终敲定兼具可行性与创新性的项目方向。制订项目计划就像是绘制一幅详尽的创业蓝图，需要明确项目的目标、任务、时间节点、资源需求等关键要素。在这个过程中，大学生需要灵活运用项目管理知识，合理调配各项任务，确保项目按计划稳步推进。开展市场调研是洞悉市场需求与竞争态势的关键手段。大学生需要深入市场一线，借助问卷调查、访谈、数据分析等多元方式，全面了解消费者的需求、痛点与偏好，以及竞争对手的产品特色和市场策略。基于这些翔实的调研结果，大学生能够精准定位自己的产品或服务，制定行之有效的市场营销策略。在项目实施进程中，大学生需要不断尝试创新，攻克重重困难与挑战，这不仅能磨砺他们的创新思维与创业能力，还能锻造他们的团队协作精神与抗压能力。

参与校内校外项目，是大学生实现理论与实践深度融合的关键纽带。通过这些项目，大学生不仅能够深化对专业知识的理解，大幅提升实操能力，还能全方位培养综合素养，提前适应职场环境，精准锚定职业发展方向。因此，无论是学校还是大学生自身，都应高度重视项目实践环节，积极为大学生创造更多参与项目工作的机会，助力他们在成长发展的道路上稳步前进，铸就辉煌未来。

第四节　提升综合素质

在高等教育体系中，大学生的全面发展不仅依赖课堂知识的传授，通过志愿服务与社会实践等提升综合素质同样也是其成长历程中不可或缺的关键环节，此举可以有力推动其向更为广阔的社会领域迈进。

对于大学生而言，志愿服务与社会实践构建起了一座将专业知识转化为实际应用的桥梁。在高校的学习环境中，大学生积累了丰富的理论知识体系，然而，这些知识唯有在真实的社会情景中得以运用，方能彰显其真正价值。当大学生投身于实践活动，直面现实问题时，必然需要运用课堂所学的专业知识进行深入分析并提出解决方案。这一过程恰似为知识赋予了现实根基，促使大学生对专业知识的理解从浅表的认知层面深化至内化于心的程度，实现知识的深度融合与灵活运用，进而显著提升其知识应用能力。此外，社会实践活动通常涵盖多个领域，这就要求大学生整合不同学科的知识资源。这种跨学科知识的整合与交融，能够有效打破学科之间的壁垒，拓展大学生的知识视野，使其摆脱单一专业视角的局限，学会从多元角度审视问题，进而培养出综合运用多学科知识解决复杂问题的能力。凭借这一能力，大学生在未来步入社会，面对多元化的工作场景与生活挑战时，能够展现出更强的适应性与应对能力。

在实践过程中，大学生能够全方位锻炼多种实用技能。通过与不同背景的人群进行交流互动，大学生能够提升自身的沟通技能，学会清晰、准确地表达自身观点，同时注重倾听他人意见，从而实现有效沟通；在策划与执行实践活动时，需要合理配置资源、协调各方关系，这一过程有助于培养大学生的组织协调能力；面对实践中出现的突发问题与挑战，大学生通过分析问题本质、探寻解决方案，能够锻炼自身的问题解决技能。这些技能不仅是大学生未来职业发展的必备素养，更是其个人生活中应对各类问题的重要能力支撑，对其未来发展具有深远影响。

志愿服务的核心价值在于奉献社会。大学生参与志愿服务活动，能够直接接触社会的各个层面和不同群体，深入了解社会需求与存在的问题，从而激发内心深处的社会责任感。这种责任感将促使大学生更加关注社会发展动态，积极主动地参与各类公益活动，逐渐成长为具有强烈社会担当的公民。在社会实践与志愿服务中，大学生多以团队形式开展工作，团队成员背景各异，性格与能力各有不同。在共同完成任务的过程中，团队成员需要相互协作、发挥各自优势，这为培养大学生的团队合作精神提供了良好契机。通过多次团队合作经历，大学生能够深刻领悟团队协作的重要性，不断提升自身的沟通与协作能力。此外，实践活动不可避免地会遭遇各种困难与挫折，如项目推进受阻、服务对象不理解等。然而，这些挫折并非阻碍，而是大学生成长的宝贵机遇。在应对挫折的过程中，大学生应学会调整心态、积极应对，提升挫折承受能力，逐渐培养出坚韧不拔的意志品质，为日后应对生活中的各类挑战奠定坚实的心理基础。

此外，志愿服务与社会实践使大学生得以接触来自不同地区、具有不同文化背景和生活方式的人群。通过与这些人群的交流互动，大学生能够深刻体会到社会的多元性，学会理解和尊重不同的价值观与生活方式，进而培养出包容开放的心态。这不仅有助于提升大学生的文化素养，还能够显著增强其人际交往能力。在实践过程中，大学生还会接触到诸多社会热点问题，如环境保护、教育公平、就业创业等。这些热点问题能引发大学生的关注与思考，促使他们运用所学知识进行深入分析，形成独立的见解。这种对社会热点问题的关注与思考，能够有效提升大学生的社会洞察力，激发其为解决社会问题贡献力量的热情与动力。

志愿服务与社会实践在大学生综合素质提升方面发挥着全方位、多层次的重要作用。高校应高度重视并积极引导大学生参与此类活动，为其提供更为丰富的实践机会与资源支持；大学生自身也应充分认识到志愿服务与社会实践的价值，主动投身其中，在实践中不断积累经验、提升能力，为未来的职业发展与个人成长奠定坚实基础。

第五节　技能提升与证书获取

技能提升与证书获取是个人职业发展和终身学习过程中不可或缺的两个方面。在当今快速变化的职场环境中，持续提升技能并通过权威认证机构获得证书，不仅能够增强个人的竞争力，还能为职业发展开辟更广阔的道路。

一、硬技能：专业知识与技术能力

硬技能是指那些可以通过教育、培训和实践获得的、具体的、可量化的专业知识和技能。它们通常是某一领域或岗位所必需的技术能力，能够直接应用于工作场景中，并为个人职业发展提供坚实的基础。硬技能的重要性在于其明确性和可验证性，它们往往是通过证书、考试或实际成果来衡量的。

（一）专业知识：深度与广度的积累

（1）深度专业知识。

深度专业知识是指在特定专业领域，对核心理论、概念、原理等的深入理解和掌握。这是专业知识的精髓所在，是个人在专业领域深耕的基础。以医学专业为例，医学生需要精通人体解剖学、生理学、病理学等知识。人体解剖学让学生清晰了解人体各个器官的位置、形态和结构，生理学则帮助学生掌握人体正常的生理功能和代谢过程，病理学使学生明白疾病发生、发展的机制。只有具备这些深度专业知识，医学生在走上工作岗位后才能在面对各种病症时准确地进行诊断和治疗。在科研领域，研究人员对专业领域的前沿理论和复杂模型的深入钻研，也是深度专业知识的体现。他们通过对专业知识的深度挖掘，不断推动学科的发展和创新。

（2）专业知识的系统性。

专业知识并非零散的知识点，而是一个相互关联、相互支撑的系统。以法学专业为例，法律体系涵盖宪法、民法、刑法、经济法等多个法律部门，这些法律部门之间存在着紧密的逻辑联系。宪法是国家的根本大法，具有最高法律效力，其他法律都必须以宪法为依据制定。民法调整平等主体之间的人身关系和财产关系，刑法则是对犯罪行为进行制裁，经济法规范经济活动中的各种关系。法学专业学生只有全面掌握这些法律知识，理解它们之间的内在逻辑，才能在实际工作中准确运用法律，为当事人提供有效的法律服务。同样，在工程领域，机械工程专业涉及机械设计、制造工艺、材料科学等多个方面的知识，这些知识相互关联，共同构成了机械工程专业的知识体系。学生在进行机械设计时，需要综合考虑材料的性能、制造工艺的可行性等因素，只有这样才能设计出满足实际需求的产品。

（3）拓展专业知识。

在当今跨学科发展的趋势下，拓展专业知识对于个人的职业发展具有重要意义。对于环境科学专业的大学生来说，不仅要掌握环境化学、环境生物学等核心专业知识，还需要了解生态学、地质学、经济学等相关领域知识。在研究环境污染问题时，大学生需要从生态学的角度考虑生态系统的平衡和恢复，从地质学的角度分析土壤和岩石对污染物的吸附和迁移作用，从经济学的角度评估污染治理的成本和效益，这样才能全面、深入地解决环境问题。

（二）技术能力：实践与创新的结合

技术能力是指个人在特定领域，通过学习和实践所掌握的操作技能、工具使用能力以及解决实际问题的能力。它是个人在职场中展现专业水平、提高工作效率和实现职业发展的重要基础。作为大学生就业能力体系中的重要组成部分，这一能力成为决定其能否顺利步入职场、实现个人价值的关键因素。技术能力涵盖多个领域。

首先是计算机技术能力。在数字化时代，熟练掌握办公软件，如 Word、Excel、PowerPoint 等，是大学生必备的基础技能。Word 用于文档编辑，无论是撰写课程论文、实习报告还是求职简历，都离不开它；Excel

强大的数据处理功能，在分析专业数据、制作财务报表等方面发挥着重要作用；PowerPoint 则助力大学生进行精彩的项目展示、学术汇报。此外，编程语言如 Python、Java 等，也逐渐成为大学生提升自身竞争力的有力武器。Python 以其简洁易读的语法和丰富的数据库，在数据分析、人工智能、网络爬虫等领域应用广泛；Java 凭借其跨平台性和稳定性，在企业级开发、安卓应用开发等方面占据重要地位。掌握这些编程语言，大学生能够开发软件、处理复杂数据，为未来从事相关技术岗位奠定坚实基础。

其次是专业技术能力。不同专业的大学生需要掌握各自专业领域的核心技术。例如，理工科专业学生要熟练掌握实验操作技能、工程绘图软件等。机械专业学生需精通 CAD、SolidWorks 等绘图软件，能够设计机械零件、绘制装配图；电子信息专业学生要掌握电路设计、焊接技术，以及 EDA 软件的使用，如 Altium Designer，用于设计印刷电路板。文科专业学生同样需要具备专业技术能力，如新闻专业学生要掌握摄影摄像、视频剪辑技术，能够制作高质量的新闻报道；翻译专业学生要熟练运用翻译软件，如 Trados、MemoQ 等，提高翻译效率和质量。专业技术能力是大学生在本专业领域立足的根本，能够让他们在就业市场中脱颖而出。

技术能力对大学生就业能力的提升具有多方面的重要意义。从就业机会来看，具备扎实技术能力的大学生更容易获得企业的青睐。企业在招聘时，往往优先考虑那些能够迅速适应工作岗位、具备实际操作能力的毕业生。因此，大学生要树立终身学习的理念，利用课余时间自主学习、持续学习，紧跟时代步伐，才能在激烈的就业竞争中立于不败之地。大学生可通过在线学习平台，如慕课、网易云课堂等，学习专业技术课程；参加技术社团或工作室，与志同道合的同学交流学习，共同进步；积极参加实习，将所学技术应用到实际工作中，积累实践经验。

二、软技能：沟通与团队协作

在当今竞争激烈的就业市场中，大学生的就业能力已成为备受关注的焦点。曾经，专业知识和学历是求职的敲门砖，如今，随着社会的发展和企业需求的转变，软技能正逐渐成为决定大学生就业成败的关键因素。沟通、团队合作与领导力这三项核心软技能，不仅能帮助大学生更好地适应职场环境，还能为他们的职业发展提供强大的助力。

（一）沟通：职场交流的基石

沟通，作为人与人之间传递信息、交流思想的关键桥梁，对于初入职场的大学生而言，其重要性不言而喻。在日常的工作场景里，清晰且准确地表达自身想法与观点，堪称提升工作效率的核心要素。举例来说，在团队项目讨论会议中，那些具备卓越沟通能力的大学生，能够有条不紊地梳理思路，将自己精心构思的方案清晰呈现，从而有效争取团队成员的理解与支持，避免因信息传达不畅导致的误解与延误。不仅如此，有效的沟通绝非仅仅局限于表达，积极倾听他人的意见与反馈同样不可或缺。这一过程犹如为大学生打开了一扇通往多元世界的大门，使他们得以广泛吸收不同的观点与见解，进而不断拓宽自身的思维视野，在面对复杂工作任务时，能够从多个角度思考并解决问题。

当大学生步入求职阶段，沟通能力更是成为左右面试成败的关键因素。在面试过程中，能够自信满满、流畅自如地回答面试官提出的各类问题，充分展示自己扎实的专业素养与独特的个人能力，无疑会在面试官心中留下深刻且良好的印象。就拿一位市场营销专业的毕业生来讲，在面试时，他巧妙运用生动鲜活的语言，配合积极向上的肢体语言，将自己在实习期间成功策划的一场大型营销活动的详细过程，包括前期市场调研、创意构思、执行细节以及最终取得的亮眼成果，向面试官娓娓道来。正是凭借出色的沟通表现，这位毕业生成功打动了面试官，最终顺利获得了心仪的工作机会。

（二）团队协作：融入职场的关键

在当今高度分工与协作的职场环境中，团队协作能力已然成为一项不可或缺的核心竞争力。团队协作犹如一座坚固的桥梁连接着个体的智慧与集体的力量，支撑着各项工作的顺利推进。对于刚步入职场的大学生而言，大部分工作任务都不是靠个人单打独斗就能完成的。职场就像一个庞大而复杂的机器，每个岗位都是其中的一个零部件，只有各个零部件协同运作，这台机器才能正常运转。因此，企业在招聘时，越来越看重应聘者的团队协作能力。具备良好团队协作能力的大学生，更容易获得企业的青睐，从而拿到进入职场的“入场券”。

一个具备出色团队协作能力的人，不仅是团队中的关键节点，更是推动团队高效运转的润滑剂。他们善于主动与他人沟通交流，积极参与团队讨论和活动，能够迅速了解公司的文化和工作规范。在团队协作过程中，他们可以向经验丰富者学习工作技巧和方法，遇到问题时也能及时得到他人的帮助和支持。这种融入感和归属感能够让大学生更快地摆脱职场新人的不适感，快速进入工作状态，提升工作效率。

团队协作的意义远不止任务的完成，它更是一种文化的塑造与传承。在协作的过程中，团队成员彼此学习、共同成长，形成了一种相互信任、相互支持的良性氛围。这种氛围不仅能够激发团队的创造力与凝聚力，还能为个体提供持续成长的动力。此外，在团队协作中，大学生还能锻炼自己的沟通能力、协调能力、领导能力和解决问题的能力。当团队面临困难和挑战时，积极参与解决问题的过程，可以培养大学生的应变能力和创新思维，使他们在职场中更具竞争力。

因此，培养团队协作能力不仅是职场生存的必备技能，更是职业发展的加速器。它要求我们不仅关注自身的成长，更要学会在团队中找到自己的定位，发挥自己的价值。唯有如此，才能在日益复杂的职场环境中脱颖而出，成为推动团队与组织发展的中坚力量。

沟通和团队协作这两项软技能就像大学生就业的隐形翅膀，帮助他们在激烈的职场竞争中脱颖而出。对于大学生来说，在努力学习专业知识的同时，更要注重培养这些软技能，为未来的职业发展做好充分准备。只有这样，大学生才能在未来的职场中飞得更高、更远。

三、获取相关证书：增强就业竞争力

根据猎聘网发布的《2024 届高校毕业生就业数据报告》，企业考察评价毕业生的其中一个重要因素就是“相关资格证书或获奖证书”，占比 35.28%，位居第四。在当今竞争激烈的就业市场中，获取相关证书已成为大学生增强就业竞争力的重要手段之一，对助力大学生的职业发展有着重要作用。

（一）证书是专业能力的直观证明

在当今竞争激烈的就业市场中，各类专业证书已成为大学生展现自身专业能力的关键“硬通货”，是其在特定领域专业知识与技能水平的直观且有力的证明。以金融专业的学生为例，考取注册金融分析师（CFA）证书是一个极具代表性的体现。CFA 考试涵盖了道德与职业标准、定量分析、经济学、财务报表分析、企业融资、投资组合管理等多个核心领域，要求考生对金融知识有全面且深入的理解。当金融专业学生成功拿下 CFA 证书，便意味着他们在金融分析、投资管理等方面拥有扎实的专业功底，能够运用所学知识进行复杂的金融市场分析、投资策略制定以及风险评估等工作。

在求职过程中，招聘者往往需要从海量的简历中筛选出合适的候选人。此时，专业证书就如同一个清晰的“能力标签”，能让招聘者迅速了解应聘者的专业能力。在金融行业招聘中，面对众多求职者，招聘者可以通过 CFA 证书快速识别金融领域具备深厚专业素养的人才，在第一轮简历筛选时，就将这些更符合岗位要求的持证者挑选出来。在众多求职者中，拥有相关证书的大学生相较于没有证书的竞争者，往往更受青睐，他们在简历筛选阶段就凭借证书的加持脱颖而出，大大增加了获得面试机会的概率，为后续的求职之路打下坚实基础，开启通往理想职业的大门。

（二）明确职业发展方向，增强职业规划的科学性

在职业生涯规划理论中，明确的职业发展方向和科学合理的规划是个体职业成功的重要基石。而大学生备考证书的过程，恰恰是深度参与职业探索与规划实践的关键阶段。在决定考取某一证书前，大学生基于信息收集理论，会全面考察该证书关联的职业方向、知识体系以及行业前景。

从职业方向来看，大学生需深入分析证书所指向的具体职业岗位，如人力资源管理专业学生考虑考取人力资源管理师证书时，需了解其覆盖的招聘、培训、绩效管理等多个细分职业方向，明确不同方向对自身能力和兴趣的契合度。在知识体系层面，依据学习迁移理论，大学生要剖析证书所要求的知识架构与自身现有知识储备的关联，评估自身是否具备足够的知识基础和学习能力去掌握这些知识，这一过程促使他们反思自身知识短板，明确后续学习提升的方向。

通过上述多维度的深入探索，大学生能够依据生涯发展理论更科学地构建自身职业规划路径。他们能够结合自身兴趣、能力、价值观以及行业发展趋势，制订出阶段性的职业目标和实施计划，从而增强职业规划的科学性与前瞻性，为未来的职业发展奠定坚实基础。

（三）提升学习能力和自律性

获取专业证书的过程，往往需要大学生投入大量的时间与精力进行系统学习。这一过程不仅是对专业知识的深化掌握，更是对学习能力与自律精神的全面锤炼。在备考的漫长旅程中，大学生通过制订学习计划、攻克知识难点、完成模拟测试等一系列环节，逐渐培养出高效的学习方法与坚韧的意志。这些能力与特质，不仅为其顺利通过考试提供了保障，更为其未来职场的发展奠定了坚实基础。

在知识经济时代，职场对人才的要求不断升级。新技术、新理念的快速迭代，要求从业者具备持续学习的能力，以应对不断变化的行业需求。证书备考的过程，正是大学生提升学习能力的绝佳机会。通过系统学习某一领域的专业知识，他们不仅掌握了具体的知识内容，更培养了快速吸收、整合与应用新知识的能力。这种能力在职场中尤为重要，能够帮助他们在面对新任务、新挑战时，迅速掌握所需技能，从而在竞争中占据优势。此外，备考过程中积累的学习方法，如时间管理、目标分解、重点提炼等，也能够直接迁移到职场中。例如，面对复杂的项目任务，具备良好学习能力的人能够快速理清思路，制订高效的工作计划，从而在有限的时间内达成目标。这种能力不仅能够提升工作效率，还能够为个人职业发展注入持续的动力。

同时，证书备考也是对自律精神的极大考验。备考过程中，大学生需要克服拖延、分心等常见问题，严格按照学习计划推进复习进度。这种自我管理与自我约束的能力，在职场中同样不可或缺。自律性强的人能够更好地规划工作时间，按时完成任务，同时保持高质量的输出。在职场中，自律不仅体现在工作效率上，还体现在对职业发展的长期规划中。例如，自律的人能够主动学习行业前沿知识，积极参与职业培训，不断提升自己的专业能力。这种持续自我提升的态度，不仅能够帮助他们在现有岗位上表现出色，还能够为其职业晋升创造更多机会。

学习能力与自律精神是职场成功的两大核心要素。具备良好学习能力的人，能够快速适应职场环境的变化，掌握新技能，解决新问题；而自律性强的人，则能够高效管理时间与任务，保持稳定的工作状态。这两种特质的结合，不仅能够帮助大学生在职场中脱颖而出，还能够为其职业发展提供持续的动力。

第六节　精进求职技巧

在当下竞争白热化的就业市场，求职者们就像在千军万马中争夺过河先机，人人都期望能在众多竞争者中崭露头角，拿下心仪的工作。求职远非只是投简历、参加面试这般简单，它更像是一场充满挑战的硬仗，得精心筹备、巧用策略，才有胜算。掌握实用的求职技巧，能实实在在地提升大学生在求职时的竞争力，为成功求职增添关键助力。接下来，本书将从简历制作、面试技巧、模拟面试这三个重要方向，深入剖析如何全面提升求职技能，助力大学生在求职之路上过关斩将，顺利踏入理想的职业岗位。

一、优化简历制作，打造求职敲门砖

简历，堪称大学生递向招聘者的首张“金名片”，更是开启面试大门的关键“敲门砖”。一份经过精雕细琢、亮点熠熠生辉的简历能在堆积如山的求职材料里瞬间抓住招聘者的眼球，为大学生稳稳赢得极为宝贵的面试入场券。在竞争激烈的求职战场上，一份出色的简历就是大学生的核心竞争力。那么，究竟怎样才能打造出一份足以脱颖而出的优质简历呢？

（一）精准锚定目标与定位是核心前提

在着手制作简历前，大学生务必对自己的职业蓝图有着极为清晰的勾勒，深度洞察自身的优势、兴趣与职业追求，进而明确自己一心向往投身的行业领域，以及契合自身发展的具体职位方向。只有做到目标明确，才能在后续的简历制作过程中，有的放矢地呈现自身经历与能力，让每一项内容都精准命中招聘者的需求点。比如，大学生对互联网行业的产品运营岗位感兴趣，那么在制作简历时，就要围绕这个目标，将自己过往与产品运营相关的经历、技能和成果进行梳理和呈现。可以回忆在大学期间参与过的相关项目，如负责校园活动的线上推广，分析活动数据以优化推广策略，这些经历都能体现大学生在产品运营方面的潜力和能力。只有目标明确，才能让简历内容更具针对性，避免内容过于杂乱无章，让招聘者一眼就能看出大学生与目标岗位的匹配度。

（二）内容结构清晰合理是基本要求

一份结构清晰、逻辑连贯的简历，不仅能让招聘者迅速获取关键信息，更能展现出大学生的专业素养和严谨态度。一份标准的简历，内容通常涵盖以下多个关键板块，每个板块都有着独特的作用和价值。

1. 个人信息

个人信息作为简历的开篇，是大学生递交给招聘者的首张“名片”，其重要性不容小觑。每一项内容都宛如精密齿轮中的关键部件，协同运转，确保大学生与招聘者之间的沟通链路顺畅无阻。任何细微差错，都可能像齿轮的错位，导致沟通的链条断裂，使大学生遗憾错失宝贵机会。

姓名：请务必使用真实姓名，避免使用昵称、别名等，以确保招聘者能精准识别你的身份。在简历中，建议将姓名置于显眼位置，运用较大字号或加粗字体，使其在众多信息中脱颖而出，让招聘者第一眼便能捕捉到关键信息。

联系方式：为保证招聘者能及时与你取得联系，填写常用手机号码是最佳选择。在投递简历前，务必仔细核对号码，确认手机处于正常使用状态，无欠费停机风险，同时避免设置过于严格的陌生号码拦截功能，以免错过重要来电。为便于招聘者识别，建议在手机号码前添加国家代码（如中国：+86），并采用“151-xxxx-xxxx”这样的常见数字分隔格式，不仅提升信息的可读性，也展现出你的专业与细心。

邮箱：选择正式、简洁的邮箱账号，是打造专业形象的重要一步。避免使用包含奇怪字符、个人隐私信息或可能引发歧义的邮箱名，如“cute_girl2000@ xxx.com”这类过于随意的账号，很可能会给招聘者留下不专业、不严谨的负面印象。理想的邮箱账号，建议采用姓名拼音或英文缩写组成，如“wanghua@ xxx.com”或“whua@ xxx.com”。同时，养成定期查看邮箱的习惯，及时处理来自招聘者的邮件，不错过任何一个潜在的面试邀请。

求职意向：明确、精准地阐述求职意向，是引导招聘者快速了解你职业目标的关键。避免使用模糊、宽泛的表述，力求直击重点。例如，应聘律师岗位时，不妨具体写为“诉讼律师助理（民商事争议解决方向）”，相较于简单的“法律相关岗位”，这样的表述不仅让招聘者一目了然，更体现出你对自身职业规划的清晰认知，以及对目标岗位的高度专注与诚意。

政治面貌：个人政治身份的体现。在应聘国企或公务员岗位时，其重要性尤为突出。国企与政府部门在人才选拔过程中，十分重视候选人的政治素养与思想觉悟，中共党员身份往往代表着较高的政治觉悟、较强的组织纪律性以及对党的事业的忠诚与担当。如果你是中共党员，务必在简历中显著位置清晰标注，这一身份不仅能让你在众多应聘者中脱颖而出，更表明你具备积极参与组织活动、贯彻党的方针政策的能力与决心，能为你赢得潜在的竞争优势。

语言能力：现代职场中不可或缺的重要技能。明确标注具体等级能直观展示你的语言水平。在全球化日益加深的今天，企业对人才的语言能力要求愈发严格。例如英语，若已通过 CET-6 且取得 620 分的成绩，这一高分充分证明你在英语听、说、读、写、译等方面具备扎实的基本功，无论是处理英文商务文件、参与国际会议交流，还是与国外客户沟通协作，都能游刃有余。

2. 求职意向

在求职过程中，清晰精准地表明求职意向至关重要。它是你与招聘者之间的第一座沟通桥梁，是招聘者快速了解你的职业目标和个人定位的关键信息。因此，务必简洁而明确地指出你应聘的职位，切不可模糊表述或同时列举多个毫无关联的岗位。以技术领域为例，如果你熟练掌握 Java 编程语言，具备相关项目经验，就应明确写出“应聘 Java 开发工程师岗位”。这样招聘者一眼就能明晰你的求职方向，进而快速判断你的求职目标与他们所提供岗位的契合程度。倘若你的求职意向表述模糊，如仅写“应聘技术类岗位”，招聘者难以从中获取有效信息，这会极大地降低你简历的筛选通过率，甚至可能使你错失宝贵的面试机会。因为招聘者每天要处理大量简历，清晰准确的求职意向能让你的简历在众多投递中脱颖而出，为你争取到更多深入沟通的机会。

3. 教育背景

教育背景是招聘者了解你的学术经历和专业素养的重要窗口。合理呈现教育背景，能为你的求职之路增添有力筹码。通常，教育背景需按照时间顺序，从最高学历开始依次罗列。首要填写的关键信息包括就读学校的名称、所学专业以及入学和毕业的具体时间。这些基础信息能让招聘者快速掌握你的学习历程。值得注意的是，若你在某些与目标岗位紧密相关的课程中取得优异成绩，这将是你展现专业能力的亮点，务必要适当提及。例如，当你应聘数据分析师岗位时，统计学、数据分析方法这类核心课程，以及机器学习、数据挖掘等前沿课程，若成绩突出，列出它们及其成绩，能充分展示你在数据分析领域的专业知识储备，让招聘者直观感受到你具备从事该岗位工作的知识基础。这不仅有助于提升你在招聘者心中的专业形象，还能增加你与岗位的匹配度，从而在众多求职者中脱颖而出，获得更多面试机会。

4. 工作经历和实习经历

作为简历的核心内容，这部分需详细且有条理地描述工作内容和成果。在描述工作内容时，可采用“STAR 法则”，即情境（situation）、任务

(task)、行动（action)、结果（result)。例如，在描述曾经在一家互联网公司担任产品运营实习生的经历时，可以这样写："在××公司担任产品运营实习生期间，负责产品的用户增长工作。通过分析用户行为数据，发现用户在注册流程中存在较高的流失率，于是提出优化注册流程的方案，简化了注册步骤，将注册转化率提高了 ××%（具体数字）。同时，积极参与社交媒体推广活动，策划并执行了××场线上活动，吸引了超过千/万名新用户关注，有效提升了产品的知名度和用户活跃度。"这样运用具体的数据和成果来描述工作经历，能够让招聘者直观地感受到你的工作能力和价值。

5. 项目经验

项目经验是展示个人能力与专业素养的关键板块，它能为你的简历增色不少，极大地提升你在招聘者眼中的竞争力。当你拥有相关项目经历时，务必精心梳理并清晰呈现。首先，要详细介绍项目背景，让招聘者了解项目开展的缘由、目标以及所处的行业环境，这有助于他们理解整个项目的来龙去脉，明白你所承担工作的意义。比如，在一个为企业开发客户关系管理系统（CRM）的项目中，背景可能是企业业务扩张，现有客户管理方式效率低下，急需一套功能完善的 CRM 系统来提升客户管理效率与服务质量。接着，明确阐述你在项目中所担任的角色，是项目负责人、核心技术开发者，还是团队协调者等。突出项目取得的成果也十分关键，成果可以是量化的数据，也可以是获得的行业奖项、客户的高度认可等非量化成果。此外，分享在项目中遇到的挑战以及解决问题的过程，能充分展现你的团队协作能力和问题解决能力。例如，在项目进行中，团队成员之间因技术理念不同产生分歧，你通过组织技术研讨会，邀请专家进行指导，最终达成共识，推动项目顺利进行。又或者在技术实现过程中，遇到数据安全问题，你通过研究最新的加密算法，设计并实施了一套完善的数据加密方案，保障了项目的数据安全。通过这些经历，让招聘者看到你在面对复杂问题时的应对能力和积极态度。

6. 专业技能

专业技能是你与目标岗位匹配程度的直接体现，是招聘者考量你能否胜任工作的关键因素之一。清晰、有条理地罗列与目标岗位紧密相关的专业技能，能使招聘者迅速了解你的能力优势，为你争取更多的面试机会。专业技能涵盖多个方面，首先是软件操作技能。以设计岗位为例，熟练掌握 Adobe 系列软件，如 Photoshop 用于图像处理、Illustrator 进行矢量图形设计、After Effects 实现视频特效制作等，都是必备技能。你可以这样描述："熟练使用 Photoshop，能独立完成复杂图像的精修、合成，在过往项目中运用该软件为公司产品宣传图进行设计优化，有效提升了产品点击率和转化率。"编程语言也是众多岗位的核心技能。若应聘软件开发工程师，精通 Java、C++、Python 等编程语言至关重要。再者，行业特定工具也不容忽视。对于建筑行业，熟练使用 AutoCAD 进行图纸绘制、使用 Revit 进行建筑信息模型（BIM）搭建是关键能力，可表述为"熟练掌握 AutoCAD，能够精准绘制各类建筑施工图纸，满足项目从方案设计到施工阶段的需求；同时熟练运用 Revit，在多个大型建筑项目中参与 BIM 模型的创建与管理，有效提高了项目团队的协作效率，减少了设计变更和施工错误。"对于自己熟练掌握的技能，务必详细注明掌握程度及相关实践成果，这样能让招聘者更直观、深入地了解你的专业水平，增强你在求职过程中的竞争力。

7. 证书与荣誉

证书与荣誉是极具分量的加分项，它们能直观地展现你的能力、努力与成就，为你的求职之路增添有力的砝码。职业资格证书是你进入特定行业或岗位的敲门砖，它代表着你在该领域具备了专业的知识和技能。例如，对于会计岗位，注册会计师（CPA）证书就是行业内极具含金量的资质证明。拥有 CPA 证书，意味着你在财务会计、审计、税务等专业领域达到了较高的水平，能够胜任复杂的财务工作，这无疑会大大增加你在求职时的竞争力。在简历中，你可以这样描述："持有注册会计师（CPA）证书，通过系统学习和严格考核，具备扎实的财务知识体系，能够熟练进行财务报表编制、财务分析以及税务筹划等工作，曾运用所学知识为企业成功完成年度审计工作，发现并解决潜在财务风险点 ××个。"

英语四六级证书在当今全球化的职场环境中也有着重要意义。它不仅证明了你的英语语言能力，更体现了你具备良好的学习能力和适应能力。对于许多涉及国际贸易、跨国业务的岗位，英语能力是必不可少的。比如，应聘外贸业务员，英语四六级证书可以表明你能够与国外客户进行顺畅的沟通交流，处理外贸函电、商务谈判等工作。在简历中可提及："通过大学英语六级考试，具备流利的英语听说读写能力。在实习期间，负责与国外供应商邮件沟通及商务谈判，成功促成了多笔订单的签订，为公司拓展海外市场做出积极贡献。"

奖学金是你在学业上优秀表现的证明，它反映了你具备较强的学习能力和刻苦钻研的精神。在求职时，获得的奖学金能让招聘者对你的学习能力和综合素质有更积极的评价。例如，多次获得校级一等奖学金，可在简历中体现：“在校期间多次荣获校级一等奖学金，在专业课程学习中始终保持优异成绩，名列前茅，展现出对专业知识的深入理解和高效学习能力。通过不断努力学习，掌握了扎实的专业基础，为从事相关工作奠定了坚实的理论基础。”

竞赛奖项同样能彰显你的专业技能和团队协作能力。无论是专业技能竞赛，还是创新创业大赛，获得的奖项都能证明你在某方面的特长和优势。比如在全国大学生数学建模竞赛中获奖，说明你具备较强的数学应用能力、数据分析能力和团队协作能力。在简历中描述为：“在全国大学生数学建模竞赛中荣获 一/二/三等奖，在比赛过程中，运用数学知识和编程技能，与团队成员共同完成复杂的建模任务，成功解决实际问题。通过这次竞赛，不仅提升了自己的专业技能，还锻炼了团队协作和沟通能力，学会在压力下高效完成任务。”

将这些与职业目标相关的证书和荣誉清晰地罗列在简历中，并详细说明其价值和相关成果，能让招聘者更全面、深入地了解你的能力和优势，从而在众多求职者中脱颖而出。

8. 自我评价

用简洁有力的语言概括自己的优势、性格特点以及与目标岗位的契合之处。避免使用空洞的套话，要结合实际经历和能力，如“具备 3 年新媒体运营经验，熟悉各大社交媒体平台算法，曾成功策划多个爆款活动，提升品牌知名度，工作态度积极主动，善于团队协作”。

（三）突出重点与亮点是关键

在竞争激烈的求职市场中，如何脱颖而出是每位求职者都需思考的关键问题，而突出重点与亮点则是其中的核心策略。

1. 深入挖掘自身独特之处是首要任务

回溯过往经历，从学习生涯中的学术成果、独特学习方法，到工作中的业绩突破、解决复杂问题的能力，再到项目实践里的创新举措、团队协作，甚至个人兴趣爱好所培养的特殊技能，都可能成为与其他求职者区分开来的差异化优势。例如，若你在学习中曾参与一项独特的科研项目，掌握了前沿的研究方法，这就可能是你的独特优势。

2. 将优势转化为具体成就同样重要

在描述成就时，要坚决摒弃模糊表述，代之以具体的数据和事实。比如，不只说“提高了工作效率”，而要说“通过优化工作流程，将工作效率提高了 30%，使项目交付周期缩短了 10 天”。通过这样具体的数据支撑，能让招聘者更直观、清晰地认识到你的价值和能力。另外，可以通过使用加粗、下划线等方式突出重点内容，让招聘者能够快速捕捉到关键信息。同时，合理运用关键词也是提高简历关注度的有效方法。研究目标岗位的招聘要求，提取其中的关键词，如“数据分析”“用户增长”“项目管理”等，并自然地融入简历内容，这样可以增加简历与招聘岗位的匹配度，提高被筛选出来的概率。这样的数据和表述能够直观地展示你的能力和价值，让招聘者迅速了解你的工作成效。

（四）排版简洁美观是独特优势

在简历制作过程中，字体与排版的选择至关重要。为确保简历简洁易读，建议选用宋体、黑体这类简洁明了的字体，并合理设置字号：标题一般采用小三号或四号字，以突出显示；正文则用小四号或五号字，保证阅读舒适度。页面布局方面，要做到均衡协调：合理设置上下左右边距，为内容留出恰当空间；各部分内容间适当留白，避免信息过于拥挤，影响视觉体验。同时，可使用分隔线或空白行区分不同板块，使简历结构更加清晰，层次分明，让招聘者能迅速抓取关键信息。同时，为避免因软件版本差异导致格式错乱，建议将简历保存为 PDF 格式，确保招聘者看到的简历与你的精心设计完全一致，精准展现个人优势。

二、掌握面试技巧，赢得心仪岗位

在当今竞争激烈的就业市场中，大学生面临着诸多挑战。掌握面试技巧，不仅是赢得心仪岗位的关键，更是提升就业能力的重要途径。

（一）面试前的充分准备是成功的基石

大学生需要深入了解目标公司和岗位。通过浏览公司官网、社交媒体以及新闻报道，熟悉公司的发展历程、业务范围、企业文化等。这不仅能在面试中展现出对公司的关注和兴趣，还能帮助大学生判断该岗位是否与自身职业规划相契合。同时，根据岗位要求，针对性地梳理自己的知识、技能和实践经验，准备好能证明自己能力的案例和成果。例如，应聘市场营销岗位，可以准备在学校参与的营销策划活动案例，详细阐述自己在其中承担的角色、采取的策略以及取得的效果。

（二）面试过程中的表现至关重要

良好的沟通能力是面试官关注的重点。大学生要清晰、流畅地表达自己的观点，注意语速和语调的控制，避免出现口头禅或模糊不清的表述。回答问题时，要逻辑清晰，采用结构化的表达方式，如“首先…… 其次……最后”。例如，在回答“如何解决工作中的冲突”这一问题时，可以说“首先，我会保持冷静，避免情绪化的反应；其次，主动与对方沟通，了解其观点和需求；最后，共同寻找双方都能接受的解决方案”。同时，根据应聘职位的性质和公司的文化氛围选择合适的着装，并注意肢体语言的运用，保持良好的坐姿或站姿，眼神与面试官保持适度交流，展现出自信和积极的态度。

（三）展现出自己的独特优势和潜力也能为面试加分

大学生可以结合自身的特点和经历，突出与岗位相关的优势。比如，具有较强的学习能力和适应能力，能够快速掌握新的知识和技能；参与过各种社团活动或志愿者服务，具备团队协作精神和沟通能力等。在回答问题时，将这些优势巧妙地融入其中，让面试官看到自己的价值。

面试结束并不意味着求职过程的终结，面试后的跟进同样不可忽视，它是求职过程中的关键一环，能为求职者争取到更多机会，展现出自己的诚意与积极性。面试结束后，及时向面试官表达感谢是一个很好的习惯。可以通过邮件的形式发送，在邮件开头，用简洁且礼貌的语言表达对面试官抽出宝贵时间进行面试的感激之情。接着，在正文中，可以再次强调自己对公司和岗位的浓厚兴趣，提及面试过程中让你印象深刻的点。同时，还可以简要补充一些在面试中由于时间限制未能充分阐述的内容，进一步突出自己与岗位的匹配度，加深面试官对你的印象。例如，你在面试中提到曾参与过某个项目，但因时间紧张没有详细说明你在项目中的具体贡献，此时就可以在感谢信中进行补充，详细描述你在项目中承担的角色、采取的措施以及最终取得的成果，让面试官更全面地了解你的能力。除了以邮件的方式表达感谢之外，若在合理时间内没有收到面试结果通知，求职者可以礼貌地电话或者短信询问进展情况。在询问时，注意语言措辞要恰当，态度要诚恳，不要给面试官造成压迫感。比如，可以这样表述：“您好，我是×××，之前参加了贵公司××岗位的面试，想了解一下目前面试结果是否已经确定，非常期待能加入贵公司。”通过这样的询问，一方面可以展示你对这份工作的渴望和积极态度；另一方面，也有可能从面试官那里获取一些关于面试结果的反馈信息，即使未能成功获得该岗位，也能了解到自己的不足之处，为今后的面试积累经验。同时，在面试后的跟进过程中，保持通信畅通也是非常重要的。有些公司可能会通过电话通知面试结果，若因手机关机、无法接通等原因错过通知，可能会与心仪的工作失之交臂；也要关注自己的电子邮箱，及时查看是否有来自公司的邮件，避免因邮件被误判为垃圾邮件而错过重要信息。

面试后的跟进虽然看似是一些小细节，但却能在求职过程中发挥重要作用。通过及时发送感谢信、礼貌询问面试结果以及保持信息畅通等方式，求职者能够展现出自己的职业素养和对工作的热情，增加获得心仪岗位的机会。

三、进行模拟面试，提升实战能力

模拟面试是一种非常有效的提升面试能力的方法，是指通过模拟真实的面试场景，让自己在实践中不断练习和提高，发现自己存在的问题并及时改进。

（一）寻找合适的模拟面试伙伴

大学生可以选择身边的朋友、家人、同学或已经有工作经验的前辈作为模拟面试伙伴。朋友和同学可能更了解情况，能够从熟悉的角度给予你建议；而有工作经验的前辈则可以凭借他们丰富的职场经验，提出更专业、更具针对性的问题和建议。如果可能的话，尽量选择与应聘职位相关领域的人作为模拟面试官，这样他们能够更好地模拟真实的面试场景，提出更符合实际情况的问题。

（二）设定贴近真实的模拟面试场景

大学生应该根据目标职位的要求和常见的面试形式，设计面试环节，内容可以包括自我介绍、问题回答、案例分析、小组讨论等。在模拟面试过程中，要尽量营造真实的面试氛围，如在安静的房间里进行，使用正式的桌椅，模拟面试官坐在对面提问，甚至可以设置一些时间限制，让你感受到真实面试中的紧张感。在进行模拟面试过程中，要全身心地投入，把它当成真实的面试来对待。认真准备自我介绍，回答问题时要思路清晰、语言流畅，运用在面试技巧学习中掌握的方法和策略。同时，要注意自己的肢体语言、表情和语气，尽可能展现出自信和专业的形象。模拟面试官要严格按照设定的流程和问题进行提问，并且要根据你的回答情况，适时提出一些追问，以考察你的应变能力和解决问题的能力。例如，当你回答完一个问题后，模拟面试官可以问“如果在实际工作中遇到这种情况，你还会采取其他什么措施?”或者“你认为这个方案可能会面临哪些挑战?”通过这样的追问，让你更加深入地思考问题，提高应对面试的能力。

（三）总结与反思

大学生应该与模拟面试伙伴一起对整个过程进行回顾和分析，让模拟面试官给予客观的评价和反馈。他们可以指出你在面试中的优点和不足之处，如语言表达是否清晰、回答问题是否有逻辑、肢体语言是否得体、对专业知识的掌握是否扎实等。对于他们提出的建议，大学生要认真听取并加以分析，找出自己存在的问题所在。例如，如果模拟面试官指出你在回答问题时语速过快，导致有些内容没有表达清楚，那么在今后的练习中就要注意控制语速；如果发现自己对某个专业知识点的理解不够深入，回答问题时不够自信，就要加强对该知识点的学习和研究。针对这些问题，大学生可以制订具体的改进计划，进行有针对性的训练和学习，然后再次进行模拟面试，检验自己的改进效果，不断提高面试能力。

在模拟面试的闭环体系中，借助视频记录进行自我评估，是深化自我认知、提升面试表现的重要环节。通过以旁观者视角审视模拟面试视频，大学生能够突破自我感知局限，对自身在面试情景中的语言表达、肢体语言及表情管理等多维度表现，展开更为客观、全面且细致的分析。在语言表达维度，观看视频时，或许会清晰捕捉到在回答问题过程中，存在高频使用“嗯”“啊”“然后”等填充词的现象。这些填充词不仅干扰了语言输出的流畅性，也削弱了表达内容的逻辑性与专业性，对信息传递的有效性产生负面影响。在肢体语言方面，视频呈现出的身体姿态与动作细节，能够直观反映出大学生在面试时的紧张程度与自信状态。例如，可能会观察到双手不自觉地紧握、双臂交叉抱于胸前、身体过度前倾或后仰，以及腿部频繁抖动等僵硬、封闭或不安的肢体动作。这些肢体语言不仅无法有效辅助信息传达，反而可能向面试官传递出紧张、不自信或防御性的信号。面部表情作为情感与态度的直观反映，在视频中也能得到清晰呈现。比如，回答问题时不自觉地皱眉、眼神游移不定、表情淡漠等，这些微表情可能在不经意间影响面试官对候选人亲和力、专注度及沟通意愿的判断。

针对语言表达中填充词过多的问题，大学生可通过结构化语言训练，如进行逻辑框架搭建练习、即兴演讲训练等方式，强化语言组织能力与思维连贯性，减少不必要填充词的使用。在肢体语言优化方面，可借助专业的形体训练课程，学习并掌握正确的肢体语言运用技巧，如开放式的身体姿态、自然流畅的手势运用等，通过反复练习形成肌肉记忆，确保在面试场景中能够自然、自信地展示肢体语言。对于面部表情管理，大学生可通过表情模仿练习，观察并模仿优秀演讲者、沟通者在不同情景下的表情运用，同时结合日常的自我表情监控，如对着镜子进行表达练习，逐渐培养出亲和、自信且与表达内容相匹配的面部表情。

第七节　塑造良好的就业心态

在竞争激烈的就业环境中，拥有良好心态是大学生成功就业的关键因素之一。面对就业过程中的种种困难与挑战，积极乐观的心态就像一盏明灯，照亮前行的道路，让我们能以从容的姿态笑对困难挫折。

一、积极乐观，笑对困难挫折

在竞争激烈的就业市场中，求职之路对于大学生而言布满荆棘。在这一过程中，积极乐观的心态发挥着至关重要的作用，不仅为大学生照亮前行的道路，更是他们战胜困难、走向成功的强大精神支柱。众多学术研究成果表明，相较于持有消极心态的求职者，具备积极心态的大学生在求职过程中的成功概率明显更高。积极心态能够赋予大学生强大的心理韧性，使其在面对重重挑战时，不会被困难轻易击退，而是凭借敏锐的洞察力，从困境中发掘出潜在的机遇。

当遭遇面试失败这一常见挫折时，秉持积极乐观心态的大学生不会长时间沉浸于沮丧与失落的情绪之中。相反，他们会迅速调整心理状态，以冷静、理性的态度深入剖析失败的原因。这一过程恰似专业的调查人员开展严谨的调查，他们会全面反思自己在面试中的表现，从专业知识的掌握程度、沟通表达的流畅性与准确性，到对目标企业的了解深度等多个维度进行细致分析。例如，思考自己在回答专业问题时是否存在知识盲点，是否能够运用简洁明了的语言将复杂的观点清晰地传达给面试官，以及是否对企业的文化、业务范围、发展战略等有足够深入的理解，从而在面试中充分展现出自身与企业的适配性。通过这种深入且全面的反思，他们将面试失败转化为宝贵的成长经验，为后续的面试做好更为充分的准备，提升成功的概率。

积极乐观心态的培养并非一蹴而就，而是需要从日常生活的点滴入手。积极与充满正能量的同学、朋友交流互动是有效的途径之一。心理学研究指出，人际交往对个体的心理状态有着显著影响。与具有积极向上态度的人相处，他们乐观的思维方式和言语表达能够如同春风化雨般潜移默化地感染身边的人。当大学生在求职过程中陷入迷茫与焦虑时，与这类充满信心和活力的朋友交流，对方分享的成功经验和积极的思维模式能够为其提供新的思路和启发，帮助他们重新找回自信与动力。此外，培养兴趣爱好也是调节心理状态、缓解压力的有效方式。从心理学的角度来看，投入自己热爱的绘画、音乐、运动等活动中，能够促使大脑分泌内啡肽、多巴胺等神经递质，这些物质不仅能够带来愉悦感，还能有效缓解压力，放松身心。比如，绘画时个体能够全身心地沉浸在色彩与线条所构建的艺术世界中，忘却外界的烦恼；聆听音乐时，优美的旋律能够触动心灵深处，起到抚慰情绪的作用；运动时，身体的有节奏运动和汗水的挥洒能够释放压力，使人充满活力。良好的身心状态有助于大学生在求职过程中保持积极的精神面貌，以坚定的步伐迈向成功。

在日常生活中，还可以运用一系列具体的心理学方法来培养积极乐观的心态。感恩练习是一种被广泛认可且操作简便的方法，其理论基础源于积极心理学中的感恩理论。每天晚上睡前，花费几分钟时间回顾当天发生的令自己感激的事情，无论是收到朋友的暖心短信这类生活小事，还是在图书馆找到对学业和求职有帮助的书籍等，将这些感恩之事记录下来，形成感恩日记。长期坚持这一练习，能够促使大学生更加关注生活中的积极面，改变认知模式，进而使心态变得更加积极乐观。积极自我对话同样是一种基于心理暗示原理的强大心理工具。当面临困难时，大学生应避免使用消极的自我暗示，如“我不行”“我做不到”等，而是要运用积极的语言鼓励自己，如“我可以尝试一下，说不定能找到解决办法”“我有能力克服这个困难”。通过不断强化积极的心理暗示，大学生能够逐渐增强自信心，提升应对困难的心理承受能力。

设定小目标并庆祝成就也是维持积极心态的重要策略，这一策略与目标设定理论相契合。将宏大的求职目标分解为一系列具体、可操作的小目标，如每日投递一定数量的简历，每周参加一次面试模拟训练等。每达成一个小目标，便给予自己适当的奖励，如观看一场心仪的电影、品尝一顿美食或购买一件喜欢的小物品。这种即时的正反馈能够强化大学生的行为动机，使其在实现目标的过程中不断体验到成功的喜悦，进而增强积极心态。培养乐观思维同样关键，这涉及认知重构的心理过程。大学生应学会从多个角度看待问题，尤其是善于挖掘问题的积极面。当在求职中遭遇挫折时，不应仅仅聚焦于失败的结果，而是要深入思考从此次经历中所获得的经验教训，以及如何在未来的求职中改进。将挫折视为成长的机遇，而非单纯的失败标志，通过这种认知方式的转变，能够在挫折中持续成长，始终保持积极乐观的心态，在求职道路上稳步前行。

二、抗挫抗压，坚韧迎接未来

大学生在求职过程中，不可避免地会遭遇各种压力与挫折。就业市场竞争激烈，岗位需求与毕业生数量的失衡，使得许多大学生面临“僧多粥少”的困境，求职难度大幅增加。据相关调查显示，超半数大学生在求职时会因多次投递简历无回音、面试被拒等情况，产生焦虑、沮丧、自我怀疑等负面情绪。

（一）要学会自我调节

当察觉到自身压力过大时，可通过运动释放压力。跑步、打球、瑜伽等运动，能促使身体分泌内啡肽，这种物质如同天然的抗抑郁剂，能有效改善情绪，让你感到轻松愉悦。想象一下，在阳光明媚的早晨，你沿着公园的小路慢跑，呼吸着清新的空气，感受着身体的律动，压力仿佛随着汗水一同排出体外。运动不仅能缓解当下的压力，还能增强身体素质，提高抗压能力，为应对求职挑战提供坚实的身体基础。

（二）合理倾诉也是缓解压力的良方

向家人、老师、朋友倾诉求职过程中的烦恼与困惑，他们的理解、支持与建议，能帮助你舒缓情绪，从不同角度看待问题，找到解决问题的新思路。家人的关爱和鼓励能给予你温暖和力量，让你感受到无论遇到什么困难，都有一个坚实的后盾在支持着你。老师作为经验丰富的长者，能够从专业的角度为你提供建议和指导，帮助你分析求职过程中存在的问题，并给出解决方案。朋友则能与你产生共鸣，分享他们的类似经历和感受，让你知道自己并不孤单。在与他们的交流中，你会发现自己的问题并不是无法解决的，从而减轻心理负担，重新找回信心。

（三）培养坚韧的心理素质至关重要

将每一次挫折视为成长的磨砺石，相信自己具备克服困难的能力。正如古人云："宝剑锋从磨砺出，梅花香自苦寒来。"只有经历风雨的洗礼，才能铸就坚韧不拔的品质。在面对挫折时，保持坚定的信念，不轻易放弃，坚持不懈地努力，终将迎来成功的曙光。当你投递了无数份简历却都石沉大海时，不要灰心丧气，要相信只要坚持下去，不断提升自己，总会有一份合适的工作在等待着你。当你在面试中表现不佳被拒绝时，不要否定自己，而是要总结经验教训，改进自己的不足之处，为下一次面试做好更充分的准备。为了更好地培养坚韧的心理素质，大学生可以从以下几个方面入手。

1. 树立坚定的目标是关键

明确自己想要从事的职业方向和理想的工作岗位，这将为你提供前进的动力和方向。当你在求职过程中遇到困难想要放弃时，想一想自己的目标，就会重新燃起斗志。培养乐观的心态也非常重要，学会从挫折中看到积极的一面，相信困难只是暂时的，只要努力就一定能够克服。通过阅读一些励志书籍、观看一些感人的励志电影等方式，不断激励自己，增强内心的力量。同时，要不断挑战自我，走出舒适区，尝试一些具有一定难度的事情。比如参加一些竞争激烈的比赛、承担一些具有挑战性的项目等，在这个过程中，你会逐渐锻炼自己的抗压能力和解决问题的能力，培养坚韧不拔的精神。

2. 建立健康良好的生活习惯

保持规律的作息时间，充足的睡眠能够让我们的身体和大脑得到充分的休息，提高应对压力的能力。合理饮食，摄入均衡的营养，为身体提供充足的能量。避免过度劳累，适当安排休息和娱乐时间，让自己的生活张弛有度。同时，学会一些放松技巧，如深呼吸、冥想、渐进性肌肉松弛等，在感到压力时，运用这些技巧来缓解紧张情绪，让自己的身心得到放松。

3. 寻求外部的支持和帮助

学校通常会提供一些就业指导和心理咨询服务，大学生可以充分利用这些资源。就业指导老师能够为大学生提供求职技巧培训、简历修改、面试辅导等方面的帮助，提高大学生的求职竞争力。心理咨询老师则可以帮助大学生疏导情绪，缓解压力，调整心态。此外，大学生还可以加入一些求职交流群或社团，与其他求职者互相交流经验、分享信息，互相鼓励和支持，共同面对求职过程中的挑战。

第四章　强化高校教育引领作用，提升学生就业能力

第一节　优化人才培养模式和课程体系

科技发展日新月异，产业结构不断调整，社会对人才的需求也日益多元化。然而，部分高校学科设置与社会需求脱节，导致人才培养与市场需求错位，毕业生就业难与企业招工难并存。2023 年 7 月，《新民周刊》发表了一篇题为“专业设置不合理仍然是大学就业‘拦路虎’”的文章，深刻剖析了当下中国就业形势的核心问题——大学生就业问题已成为就业领域的焦点。由于高校课程设置未能紧密契合现实社会的发展需求和企业岗位的实际要求，致使学生所学知识与实际工作所需技能之间存在较大差距。这种差距不仅限制了学生将理论知识转化为实践应用能力，更在客观上削弱了学生的就业竞争力，成为导致大学生就业难的关键因素之一。对此，国家从顶层设计着手，发布了一系列政策文件，如《普通高等学校本科专业设置管理规定》《关于进一步做好普通高等学校本科专业设置工作的通知》《普通高等教育学科专业设置调整优化改革方案》等，要求高校对学科专业进行改革和优化，推动高等教育高质量发展，更好地服务国家战略和经济社会发展需求，具体做法如下。

一、深入调研，精准把握市场脉搏

在高等教育不断革新与发展的进程中，高校肩负着为社会输送高质量专业人才的重任，而构建一套科学、完善且具有前瞻性的市场调研体系，成为高校实现人才培养与市场需求精准对接的关键路径。该调研体系需综

合运用多元调研方法，以实现对市场动态的全面、深入洞察。

从宏观政策与产业发展层面来看，高校应保持高度的政策敏感性，密切关注国家宏观政策导向以及产业发展规划。以“双碳”目标的提出为例，这一具有深远战略意义的政策导向，为新能源产业、节能环保产业开辟了广阔的发展空间，带来前所未有的发展机遇。高校需敏锐捕捉此类政策驱动下的产业变革趋势，通过深入的政策解读与产业分析，明确相关产业对专业人才在知识结构、技能水平以及综合素质等方面的具体需求，从而为校内专业结构的优化调整提供坚实的政策依据与产业支撑。

在微观企业调研层面，高校应积极主动地与各类企业建立紧密的沟通与合作机制，借助实地走访、问卷调查、线上访谈等多种调研手段，深入企业生产运营一线，直接获取企业在不同岗位上的用人标准与技能要求。以新兴的人工智能领域为例，通过广泛而深入的企业调研发现，企业对于人工智能专业人才的需求呈现出多元化与复合型的特征。一方面，企业亟须掌握算法设计、机器学习、深度学习等核心技术的专业人才，以推动人工智能技术的创新与研发；另一方面，随着人工智能技术在医疗、金融、教育等多领域的广泛应用，具备跨学科知识背景，能够将人工智能技术与其他专业领域深度融合的复合型人才，更是成为企业竞相追逐的对象。

基于以上市场调研结果，高校需要以数据为驱动，精准定位市场需求，有针对性地调整专业设置、优化课程体系，确保所培养的人才在知识储备、技能水平以及综合素质等方面与市场需求实现无缝对接，从而提升高校人才培养质量，增强毕业生在就业市场中的核心竞争力，推动高等教育与社会经济的协同发展。

二、动态调整，淘汰与增设双管齐下

高校专业体系的优化是确保人才培养契合社会需求的核心任务。对于那些就业形势长期严峻、与市场需求存在显著偏差的专业，高校需秉持果断且科学的态度，坚定不移地实施调整或淘汰策略，以此作为推动专业结构持续优化与升级的重要抓手。

从教育资源优化配置的角度来看，高校的教育资源，包括师资队伍、教学设施、科研经费以及时间精力等，均是有限且宝贵的。持续将资源投入到就业前景黯淡、与市场需求严重脱节的专业，无疑是对教育资源的低效利用与浪费。这些专业不仅难以培养出满足市场需求的人才，还可能限制了高校在新兴领域的探索与发展。以某些传统制造业相关专业为例，在智能制造、工业互联网等新兴技术快速发展的背景下，部分高校仍沿用陈旧的课程体系与教学模式，培养出的学生无法适应产业升级后的岗位需求，导致就业率低下，人才培养与市场需求严重错位。而通过对这些专业的调整或淘汰，将有限的资源重新整合并投入到新兴专业方向，能够实现教育资源的优化配置，提高人才培养的质量与效率。

在实施调整或淘汰策略时，高校应遵循科学严谨的流程。首先，建立全面、精准的专业评估机制至关重要。这一机制应综合考量多个维度的指标，如毕业生的长期就业率、就业岗位与专业的匹配度、薪资水平、职业发展前景，以及行业专家对专业发展前景的评估等。通过深入分析这些数据，能够准确识别出那些就业形势严峻、与市场需求脱节的专业。其次，针对不同情况的专业，采取差异化的调整或淘汰措施。对于那些尚有转型潜力的专业，可以通过更新课程体系、引入新的教学方法和理念、加强与企业的合作等方式，实现专业的转型升级。例如，将传统的机械制造专业与人工智能、自动化技术相结合，转型为智能制造专业，培养适应工业4.0时代需求的高端制造业人才。而对于那些确实无法适应市场需求且转型困难的专业，则应果断实施淘汰，避免资源的持续浪费。

同时，高校还需具备敏锐的洞察力，密切关注新兴产业发展趋势，积极主动地增设契合新兴产业需求的专业。随着5G技术的广泛普及，物联网产业迎来了爆发式增长，对物联网工程专业人才的需求呈现井喷态势。在这一背景下，高校应迅速响应市场变化，充分整合校内多学科资源，如计算机科学、电子信息工程、通信工程等学科，开设物联网工程专业。在课程设置方面，科学合理地规划传感器原理与应用、物联网通信技术、物联网系统设计、物联网安全等核心课程，构建系统完善的课程体系。通过理论教学与实践教学相结合的方式，为学生提供全面、深入的专业教育。在理论教学中，注重培养学生对物联网领域关键技术和理论知识的理解与掌握。在实践教学环节，通过校企合作共建实习基地、开展实际项目实践等方式，让学生在真实的产业环境中锻炼实践能力，提升解决实际问题的能力，使其成为能够满足产业发展需求的高素质专业人才。

通过淘汰与增设双管齐下的专业动态调整机制，高校能够确保专业设置始终与市场需求保持高度同步，使专业体系在不断变革的社会经济环境中持续焕发生机与活力。这一动态调整机制不仅有助于提升高校人才培养质量，增强毕业生在就业市场的竞争力，为学生的职业发展奠定坚实基础，更能推动高等教育与产业发展的深度融合，促进知识创新与技术转化，为社会经济的高质量发展提供源源不断的人才支撑与智力保障。

第二节　深化产教融合以强化实践教学环节

产教融合和加强实践是推动教育优先发展、人才引领发展、产业创新发展、经济高质量发展相互衔接贯通的战略性举措。然而，当前一些高校面临着校企合作深度不够、实践教学体系不完善以及“双师型”教师队伍建设滞后等问题，需要从以下几方面入手解决这些问题，为经济社会高质量发展提供强有力的人才支撑。

一、搭建多元合作平台，构建产教融合新生态

搭建多元合作平台是深化产教融合的基础。高校应积极与各行业领军企业建立长期稳定的战略合作关系，共建产业学院。以人工智能产业为例，高校与科技企业联合成立人工智能产业学院，双方共同制定人才培养方案，企业依据行业前沿技术和市场需求，为课程设置提供建议，融入如机器学习算法优化、计算机视觉应用开发等实用内容。同时，产业学院配备先进的教学设备和企业真实项目案例，学生在校期间就能参与实际项目开发，积累项目经验，毕业后迅速适应企业岗位需求。

高校还应联合行业协会、科研机构等组建产学研创新联盟。通过这一平台，各方发挥自身优势，开展协同创新研究。例如在新能源汽车领域，高校提供科研理论支持，科研机构专注技术攻关，企业负责成果转化与市场推广。学生参与其中，接触到最前沿的科研成果和技术应用，拓宽专业视野，培养创新思维和实践能力。

二、强化实践教学体系，提升学生实践能力

强化实践教学体系作为提升学生实践能力的核心要素，在高等教育中占据着举足轻重的地位。高校有必要构建一套完整且连贯的实践教学链条，涵盖课程实验、专业实习以及毕业设计这三个关键环节，以此全方位培养学生的实践能力与创新思维。

（一）优化课程实验，提升学生综合能力

高校要提升学生综合能力，优化课程实验是关键。在实验内容上，要打破传统，减少验证性实验，增加综合性、设计性实验，如计算机专业开展大型数据库管理系统开发实验，让学生融会贯通多学科知识解决复杂问题；教学方法上，运用问题导向法，以化学实验为例，通过提问引导学生自主探索知识，采用项目驱动法，如电子信息工程专业布置小型智能电子产品开发项目，培养学生团队协作与项目管理能力；资源配置方面，硬件上及时更新设备，如机械工程专业配备先进数控设备和 3D 打印机，建设虚拟仿真实验室，软件上购买和开发专业教学软件，加强实验教材建设，融入最新科研和行业实践，为学生提供有力支持。

（二）深化专业实习，增强学生实践经验

专业实习作为学生教育生涯中的关键节点，是将课堂所学理论知识迁移至实际工作场景的重要桥梁，在学生的职业发展进程中占据着无可替代的核心地位。它不仅是对学生理论知识掌握程度的实践检验，更是学生接触真实职场环境、积累行业经验的关键契机，能够为其未来顺利融入职业生涯奠定坚实基础。

在此背景下，高校应积极主动地拓展实习基地网络，广泛且深入地与各行业内的优质企业构建长期稳定的战略合作伙伴关系。在选择合作企业时，充分考量企业的行业影响力、技术创新能力以及管理水平等多方面因素，确保为学生提供具有较高实践价值的实习机会。通过与不同规模、不同发展阶段的企业合作，能够为学生提供丰富多样、层次多元的实习岗位选择。这些实习岗位应全面涵盖企业的各个核心业务领域，包括但不限于市场营销、生产制造、研发创新、财务管理、人力资源管理等，使学生能够深入了解企业的整体运营模式、复杂的生产流程以及各个业务环节之间的协同关系。

同时，高校需高度重视实习过程的精细化管理，这是保障实习质量的关键。在实习指导团队建设方面，精心选派具有丰富实践经验和扎实专业知识的校内专业教师与企业内部经验丰富的技术骨干、管理人员共同组成实习指导团队。校内教师凭借其深厚的学术功底和对专业理论知识的深入理解，主要从理论知识的应用和深化角度给予学生指导。在学生实习过程中，当遇到实际问题时，校内教师能够引导学生回顾所学理论知识，帮助学生分析问题产生的原因，并运用理论知识寻找解决方案，从而实现理论与实践的深度融合。企业导师则凭借其在行业内长期积累的实战经验，为学生传授实用的工作技巧、严格的行业规范以及解决实际问题的有效方法。

通过积极拓展实习基地网络和加强实习过程的精细化管理，高校能够为学生提供高质量的专业实习机会，有效提升学生的实践能力和职业素养，为学生未来的职业发展做好充分准备。

（三）聚焦毕业设计，培养学生解决实际问题的能力

毕业设计作为本科教学体系中最为关键的收官环节，承载着对学生在本科阶段所学知识与技能进行全面检验的任务，是衡量学生能否将理论知识有效转化为解决实际问题能力的核心手段。它不仅是学生学术成果的集中展示，更是学生迈向职业领域或继续深造的重要基石，对学生的未来发展具有深远影响。

在毕业设计选题的关键环节，高校应着力引导学生深度契合企业的实际运营需求以及工程实践中所面临的现实问题。企业作为市场的主体，其实际需求往往反映行业的发展趋势与痛点难点。学生围绕企业实际需求选题，如工业工程专业学生针对企业生产流程中的效率瓶颈进行流程优化设计，能够深入企业内部，了解真实的工作场景与业务逻辑，切实掌握行业前沿动态与实际操作技能，从而使毕业设计成果更具实用性和针对性。同时，工程实践中的现实问题复杂多样，涉及多学科知识的交叉融合。高校应鼓励学生从工程实践中挖掘选题，如土木工程专业学生针对某大型桥梁建设项目中的结构稳定性问题展开研究，有助于培养学生运用多学科知识综合分析和解决问题的能力，提升学生的创新思维与实践能力，使其在面对未来工作中的复杂挑战时能够从容应对。紧密围绕企业实际需求和工程实践问题设计选题，能够有效提升毕业设计的质量与价值，为学生的职业发展和行业进步奠定坚实基础。

通过构建完整的实践教学链条，强化课程实验、专业实习和毕业设计等关键环节的教学改革与实践，高校能够为学生提供更加丰富、高质量的实践教学机会，有效提升学生的实践能力和创新能力，为社会培养出更多适应时代需求的高素质人才。

（四）打造“双师型”师资队伍，保障实践教学质量

“双师型”教师，即同时具备扎实的理论教学能力与丰富的实践操作技能的专业教师。这类教师不仅能够在课堂上深入浅出地讲解专业理论知

识，还能在实践教学环节为学生提供专业且实用的指导。其独特的知识与技能结构，有助于打破理论与实践之间的壁垒，为学生搭建起从知识学习到实际应用的桥梁。

为打造“双师型”师资队伍，高校需采取多维度的培养策略。一方面，鼓励校内教师深入企业实践锻炼。学校可与相关企业建立长期合作机制，定期选派教师参与企业的实际项目运作。例如，计算机专业的教师参与企业的软件开发项目，在项目中承担代码编写、系统测试等工作，不仅能掌握行业最新技术和开发流程，还能将项目中的实际案例带回课堂，丰富教学内容。另一方面，积极引进具有丰富行业经验的企业人才充实教师队伍。这些企业人才可以是技术骨干、项目经理等，他们凭借在行业内积累的实战经验，为学生传授实用的工作技巧、行业规范以及解决实际问题的方法。“双师型”师资队伍对实践教学质量的保障作用是多方面的，尤其在实践课程设计领域，其优势体现得淋漓尽致。

在课程内容优化方面，“双师型”教师凭借自身在企业实践中积累的丰富经验，能够精准把握行业对人才知识和技能的需求动态。他们深入了解企业的生产流程、技术应用以及管理模式，知晓不同岗位所需的核心能力。以工科专业为例，“双师型”教师可以依据制造业企业对智能制造人才的需求，在实践课程中融入工业互联网、数字化设计与制造等前沿技术内容，使学生所学知识与行业最新发展保持同步。同时，他们能够将企业实际项目和案例引入课程，把抽象的理论知识具象化。比如在市场营销专业的实践课程里，“双师型”教师将企业真实的营销策划项目拆解为教学内容，从市场调研、目标客户定位到营销策略制定，让学生全程参与，深刻理解营销理论在实际场景中的应用，大大增强了课程内容的实用性和针对性。

在教学方法创新上，“双师型”教师能够突破传统教学模式的束缚。他们熟悉企业项目运作流程，善于运用项目驱动教学法。在计算机专业的软件开发实践课程中，教师以企业实际软件项目为导向，将学生分成若干项目小组，每个小组负责项目的不同模块。学生在完成项目的过程中，不仅锻炼了软件开发技能，还培养了团队协作和项目管理能力。“双师型”教师还擅长采用案例教学法，通过展示大量企业实际案例，引导学生分析、讨论和解决问题，激发学生的学习兴趣和主动性。例如在物流管理专业课程中，教师通过引入知名企业物流配送优化案例，让学生运用所学物流理论知识，提出解决方案，从而提升学生解决实际问题的能力。此外，“双师型”教师还能利用自身对行业技术的了解，借助虚拟现实（VR）、增强现实（AR）等先进技术，创设逼真的实践教学情景，使学生仿佛置身真实的工作环境，进一步提升实践教学效果。

第三节 完善就业指导服务体系

就业指导服务体系作为连接高校人才培养与社会人才需求的关键桥梁，对学生、高校和社会均意义重大。对于学生，科学系统的就业指导有助于其深入了解自身兴趣、优势和职业倾向，从而制定契合自身发展的职业规划，提前明晰就业市场需求，有针对性地提升知识和技能，增强就业竞争力，如应届毕业生能借此掌握简历制作、面试技巧等实用技能以提高求职成功率；对于高校，良好的就业指导服务体系既有助于提高学校的就业率和就业质量，提升社会声誉和影响力，又能使高校通过收集就业市场反馈，及时调整专业设置和人才培养方案，实现人才培养与市场需求的精准对接；对于社会，完善的就业指导服务体系可促进人力资源的合理配置，助力不同专业背景的学生找到合适岗位，充分发挥自身价值，推动社会经济稳定发展，创造更多经济效益。然而，当前一些高校存在着就业指导内容缺乏深度和广度、指导方式缺乏针对性、师资队伍不足等困境，需从多方面着手解决这些问题。

一、职业生涯规划应实现大学阶段的全覆盖

高校的大学生职业生涯规划教育应延伸到学生学习的各个学段，实现大学阶段的全覆盖。

（一）大一阶段：职业启蒙与自我认知

大一阶段是学生从高中步入大学的关键转型期，也是职业规划的萌芽期。此阶段的就业指导课程应侧重职业启蒙与自我认知。学校可开设职业规划基础课程，系统介绍不同职业类型、行业发展现状与趋势，让学生对丰富多样的职业世界有初步认知；邀请各行业优秀校友回校开展经验分享会，以亲身经历讲述职业发展路径，激发学生对未来职业的兴趣与憧憬；举办职业探索讲座，如涵盖新兴行业发展的讲座，拓宽学生职业视野，让

其了解到更多元化的职业选择。

在自我认知层面，组织学生进行专业的职业测评，如性格测试、兴趣测试、能力倾向测试等，帮助学生从多个维度认识自己。基于测评结果，安排一对一的职业咨询辅导，引导学生深入分析自身性格优势与劣势，明确兴趣所在，了解自身能力的强弱项，从而初步探索与自身特质相匹配的职业方向；开展自我探索活动，如小组讨论“我的梦想职业”，鼓励学生在交流中进一步挖掘自己内心对职业的期待与向往，为后续制定合理的职业规划奠定坚实基础。

（二）大二阶段：专业探索与技能培养

大二阶段是大学生专业学习的关键时期，此时，学生已初步适应大学生活，对专业领域有了基本认知。此阶段的重点是深化专业探索，夯实专业基础，培养核心技能，为未来职业发展奠定坚实基础。

在专业探索方面，学生应深入学习专业核心课程，通过与专业教师交流，了解专业前沿研究方向和行业应用领域，明晰自身专业在就业市场中的定位。参与专业相关的学术讲座、研讨会，拓宽专业视野，接触行业最新动态，如计算机专业学生参加人工智能发展趋势研讨会，了解该领域的创新应用。同时，开展专业调研，了解不同职业岗位对专业知识和技能的要求，以便有针对性地提升自我。

在技能培养层面，学生依据专业和职业目标有针对性地提升实践技能，是其职业发展进程中的关键任务。学生首先要明确自身专业对应的核心技能领域，如理工科专业聚焦实验操作、技术研发等技能，文科专业侧重文字表达、沟通协调等能力，商科专业着重商务谈判、数据分析等技巧。通过深入剖析专业课程体系，学生可以梳理出支撑职业目标的技能清单，精准定位技能提升方向。在学习过程中，学生应充分利用学校的实践教学资源，如实验室、实训基地等，主动参与课程实验、课程设计等实践教学环节，将理论知识应用于实际操作，锻炼动手能力和解决实际问题的能力。还可参与各类专业社团和学术组织，通过组织活动、开展项目合作等方式，培养团队协作、组织管理等综合素质。

同时，学生要积极关注行业动态和企业需求，了解目标职业所需的前沿技能和新兴技术。利用课余时间参加专业技能培训课程，学习行业内主流的软件、工具和技术应用，拓宽技能边界。积极参与企业实习、社会实践等活动，在真实的工作场景中积累实践经验，掌握职场技能和工作方法，不断提升自身在职业领域的竞争力，为未来的职业发展奠定坚实基础。

（三）大三阶段：实习实践与职业拓展

大三阶段作为大学生涯向职业生涯过渡的关键节点，实习实践与职业拓展在学生的就业准备过程中占据着举足轻重的地位，其对学生职业能力的塑造和职业发展的推动作用具有深厚的理论依据和实践价值。

实习实践是理论知识与实际应用相融合的重要途径，契合情景学习理论。该理论强调学习应发生在真实的情景中，学生通过参与实际工作，能更好地理解和掌握专业知识，提升解决实际问题的能力。在这一阶段，学生应积极投身与自身职业目标紧密相关的实习岗位。一方面，充分借助高校与企业搭建的实习合作平台，这些平台基于校企双方的资源整合与战略协作，为学生提供了大量契合专业需求的实习机会。学生通过参与平台发布的实习项目，深入企业生产运营的各个环节，如工科专业学生参与企业的产品研发项目，能在实践中运用专业知识进行技术创新与产品优化；文科专业学生参与企业的市场调研、文案策划等项目，锻炼沟通协调与文字表达能力。另一方面，学生自身也应主动利用网络招聘平台、校友人脉等多元渠道拓展实习资源。在实习过程中，学生需深度参与工作任务，运用专业知识解决实际问题，不断优化自身的知识结构与技能体系。同时，实习还为学生提供了观察职场生态、了解企业文化的机会，有助于学生提前适应职场环境，培养职场素养。

职业拓展则是学生拓宽职业视野、提升职业竞争力的关键举措，其理论基础在于社会资本理论和终身学习理论。依据社会资本理论，学生通过参与行业交流活动，建立广泛的人脉关系，这些人脉资源将成为学生未来职业发展的重要社会资本。学生应积极参与各类行业研讨会、学术论坛等交流活动，这些活动汇聚了行业内的专家学者、企业高管以及前沿研究成果和最新市场动态。学生在活动中与各方人士交流互动，不仅能获取行业最新资讯，了解行业发展趋势，还能在思想碰撞中激发创新思维，明确自身职业发展方向。此外，根据终身学习理论，学生应不断提升自身综合能力，参加职业技能培训和创新创业项目是实现这一目标的有效途径。参加与职业目标相关的职业技能培训，如项目管理培训、数据分析培训等，有助于学生掌握专业领域内的核心技能，提升职业竞争力。参与创新创业项目则能锻炼学生的创新思维、团队协作和资源整合能力，为学生未来的职业发展开辟新路径，无论是选择自主创业还是进入企业工作，这些能力都将发挥重要作用。

（四）大四阶段：求职冲刺与就业服务

大四作为学生求职的关键节点，职业生涯规划教育需高度聚焦求职冲刺与就业服务，助力学生顺利实现从校园到职场的过渡。

1. 求职技巧精准培训

针对不同类型的招聘考核形式，学校应开展精细化、专业化的辅导与模拟训练。对于备考公务员考试的学生，组织专业教师和公考经验丰富者，深入剖析行测、申论等科目的考试要点，传授答题技巧和时间管理策略，通过定期模拟考试，让学生熟悉考试节奏，提升应试能力。面对企业笔试面试，邀请企业人力专员和资深职场人士，结合真实案例，讲解常见笔试题型与面试流程，如结构化面试、行为面试、无领导小组讨论等，开展多次模拟面试，让学生在实战演练中不断优化自身表现，掌握面试礼仪、沟通技巧以及如何突出自身优势与岗位的匹配度。针对事业单位招聘，详细解读其招聘政策和考试大纲，对公共基础知识、专业知识等考试内容进行系统梳理，提供针对性的复习资料和模拟试卷，助力学生从容应考。

2. 全方位就业信息服务

高校应充分利用多元化渠道，搭建高效的就业信息发布平台。在就业信息网及时更新各类招聘信息，按照行业、岗位、企业性质等进行分类，方便学生快速筛选。通过微信公众号，定期推送优质岗位信息、企业招聘动态以及就业政策解读，实现信息的精准送达。积极举办校园招聘会，广泛邀请各类企业参会，涵盖不同行业、规模和发展阶段，为学生提供丰富的就业选择。同时，加强与地方人社部门、人才市场的合作，拓宽信息来源，确保学生能够获取全面、准确、及时的就业资源。

3. 就业心理疏导关怀

求职过程中，学生极易产生压力和焦虑情绪，因此就业心理辅导至关重要。高校应安排专业心理咨询师，为学生提供一对一的心理疏导服务，帮助他们正确看待求职挫折，缓解紧张情绪，树立积极乐观的求职心态。举办求职心理讲座和团体辅导活动，通过分享成功案例、心理调适方法等，增强学生的心理韧性和抗压能力，让学生在求职过程中保持良好的精神状态。

4. 就业权益保护教育

高校应开展就业法律法规专题讲座，邀请法律专家深入讲解《中华人民共和国劳动合同法》《中华人民共和国就业促进法》等相关法律法规，引导学生了解自身在就业过程中的权利和义务，掌握签订劳动合同的注意事项、劳动纠纷的处理途径等知识，提高学生的法律意识和维权能力。提供就业法律咨询服务，可以为学生在求职过程中遇到的法律问题答疑解惑，切实维护学生的合法权益。

5. 毕业前专项指导与未就业学生帮扶

毕业前夕，高校精心组织就业政策解读会，详细介绍国家和地方的就业政策，如基层就业项目、大学生创业扶持政策等，确保学生了解各项政策福利并合理运用。同时，开展毕业手续办理指导，包括档案转递、户口迁移等流程，帮助学生顺利完成毕业手续。对于暂未就业的学生，建立专门的跟踪服务机制，持续关注其求职进展，定期沟通了解求职困难和需求，提供个性化的就业指导和岗位推荐服务，整合各方资源，助力他们尽快找到合适的工作岗位，实现高质量就业。

二、加强个性化就业指导服务

在竞争激烈的就业市场中，加强个性化就业指导服务极为关键。

（一）精准画像，洞察学生需求

精准画像，即全方位收集大学生的学业成绩、专业技能掌握程度、实践经历、职业规划倾向、人际交往能力等多维度数据，为每一位大学生勾勒出清晰的“个人成长轮廓”，这一画像能够将大学生在大学阶段的综合表现进行细致呈现，为学校和教师提供全面且精准的了解视角。洞察学生需求则是依托精准画像，深度剖析大学生在就业准备过程中面临的知识短板、技能欠缺、职业认知模糊等问题，以及他们对于就业指导、实习机会、职业素养培训等方面的实际需求。只有精准把握这些需求，学校和教育者才能为大学生提供行之有效的就业能力提升方案，做到有的放矢。

精准画像的构建可通过多元渠道收集数据。高校的教务系统能够记录学生的专业课程成绩、选修课程情况等学业数据；实习平台可以留存学生实习期间的表现、实习成果等实践数据；学生参与的各类社团活动、竞赛活动的表现，也能反映出他们的团队协作、沟通表达等能力，成为画像数据的重要组成部分。同时，定期开展的就业意向调研、学生与就业指导教师的一对一交流等，都能收集到学生对于就业的主观想法和需求。基于丰富的数据构建出精准画像后，高校便可以针对大学生就业能力提升进行深度分析。例如，若发现某位大学生在专业课程成绩上表现优异，但实践操作能力不足，在求职过程中可能因缺乏实际项目经验而碰壁，那么高校就可以为其提供更多的企业实习机会、专业实践课程；若学生对自己的职业定位不清晰，在就业方向上摇摆不定，高校的就业指导中心可以开展针对性的职业测评和咨询服务，帮助学生明确职业方向。

精准画像与洞察学生需求紧密相连，二者共同发力，为大学生就业能力的提升提供有力支持，帮助大学生更好地适应就业市场的需求，在未来的职业生涯中实现自身价值，也为高校提升就业质量、推动教育与就业市场的有效衔接提供了关键路径。

（二）分类指导，满足多元需求

由于大学生存在专业背景、兴趣爱好、职业规划等多方面的差异，实施分类指导，满足多元需求，成为提升大学生就业能力的关键路径。

1. 基于专业差异的分类指导

不同专业的大学生面临着不同的就业市场和职业要求。对于理工科专业，如计算机科学、电子工程等，实践操作能力和项目经验至关重要。高校可以组织学生参与企业实习、科研项目，让学生在实际工作中掌握专业技能，了解行业前沿技术。例如，与相关企业合作开展实训课程，学生在企业导师的指导下完成实际项目，积累实践经验。对于文科专业，如文学、历史、哲学等，沟通表达能力、文字功底和批判性思维是核心竞争力。高校可以鼓励学生参加各类演讲比赛、写作竞赛，参与文化项目策划，提升综合素养。同时，高校也要为文科专业学生提供跨学科学习机会，如学习数据分析、新媒体运营等技能，拓宽就业渠道。

2. 针对就业意向的分类指导

计划进入企业工作的学生。这类学生需要了解企业的运营模式、企业文化和岗位需求，高校可以邀请企业人力专员开展讲座，分享招聘标准和面试技巧。高校还可以组织模拟面试、简历制作培训等活动，帮助学生提升求职技能。同时，高校还应为学生提供企业参观、实习机会，让学生提前适应企业工作环境。

准备考研深造的学生。学校应为其提供考研信息咨询、考研辅导班等服务。邀请考研成功的学长学姐分享经验，帮助学生制订合理的学习计划。加强图书馆、自习室等学习设施建设，为学生创造良好的学习环境。此外，鼓励学生参与学术研究，发表学术论文，提升学术能力，为考研复试加分。

意向考公考编的学生。学校可开设专门的考公考编政策解读讲座，定期邀请政府部门工作人员、资深考公辅导专家等，深入剖析公务员、事业单位的招录政策、岗位要求、考试大纲变化等内容，让学生精准把握考情。同时，组建考公考编学习小组，提供专门的讨论室和学习场地，方便学生们交流学习心得、分享备考资料。此外，设立考公考编模拟考试机制，定期组织全真模拟考试，安排专业教师进行试卷批改与分析，帮助学生熟悉考试流程、提升答题技巧、查漏补缺。还可以邀请考公考编成功上岸的校友回校分享经验，从选岗技巧、备考心态调整、复习重点梳理等方面给予实用建议，助力学生成功上岸。

有志于自主创业的学生。学校要开设创业课程，传授创业知识和技能，包括市场调研、商业计划书撰写、财务管理等。建立创业孵化基地，为学生提供办公场地、设备支持和创业资金扶持。组织创业大赛，为学生提供展示创业项目的平台，吸引投资和合作伙伴。

3. 关注特殊群体的分类指导

家庭经济困难学生。学校应优先为他们提供勤工俭学岗位，缓解经济压力。在就业指导方面，为他们提供求职补贴，帮助支付求职过程中的交通、住宿等费用。同时，重点推荐一些待遇较好、稳定性高的就业岗位，确保他们能够顺利就业，改善家庭经济状况。

就业困难学生。对于学习成绩较差、综合素质较低的就业困难学生，学校要进行一对一辅导，分析其就业困难原因，制订个性化的提升计划。加强职业技能培训，提升他们的就业竞争力。例如，为计算机基础薄弱的学生提供计算机技能培训，帮助他们掌握基本的办公软件操作和编程技能。

通过以上基于专业差异、就业意向和特殊群体的分类指导，能够满足大学生的多元需求，有效提升大学生的就业能力，帮助他们在就业市场中找到适合自己的发展道路，实现个人价值和社会价值。

（三）加强就业指导师资队伍建设

就业指导师资队伍作为帮助学生规划职业生涯、提升就业能力的关键力量，其建设水平直接关系到就业指导服务的质量与成效。因此，加强高校就业指导师资队伍建设刻不容缓。

1. 扩充多元人才，优化队伍结构

高校应打破传统的师资引进模式，广泛吸纳多元化人才，充实就业指导师资队伍。从专业背景多元化角度来看，高校应积极引入具有人力资源管理、教育学、心理学等专业知识体系的人才。人力资源管理专业人才凭借其在招聘流程、人才测评、薪酬管理等领域的专业素养，能够为学生提供全方位的求职技巧指导。从简历的精细化制作，到面试过程中的策略运用，再到职业生涯规划的科学制定，他们都能基于专业视角给予精准建议。教育学专业人才则擅长运用多样化的教学方法，如情景教学法、案例教学法等，将抽象的就业知识转化为生动具体、易于学生理解的内容，有效提升教学效果。心理学专业人才在就业指导中发挥着不可替代的作用，他们能够运用心理学原理，深入剖析学生在求职过程中产生的心理问题，如求职焦虑、职业选择困惑等，并通过心理咨询、心理辅导等方式帮助学生缓解心理压力，实现心理健康与职业发展的良性互动。

在实践经验多元化方面，高校应大力聘请企业人力资源高管、行业资深从业者等担任兼职教师。这些来自职场一线的精英，拥有丰富的实战经验和敏锐的行业洞察力。他们能够将企业实际的用人标准、岗位需求以及职场文化等一手信息传递给学生，使学生提前了解职场环境和职业要求。例如，邀请互联网企业的人力资源总监分享互联网行业的人才需求特点、招聘流程以及企业文化，能让计算机专业的学生清晰了解该行业对技术能力、项目经验、团队协作等方面的具体要求，从而有针对性地提升自身能力。这种理论与实践相结合的教学模式，不仅丰富了教学内容，也拓宽了学生的职业视野。

通过专职教师的专业知识支撑与兼职教师的实践经验补充，高校能够打造一支结构优化、素质优良的就业指导师资队伍。这支队伍既具备扎实的理论基础，又拥有丰富的实践经验，能够更好地满足学生多元化的就业需求，为高校就业指导工作注入新的活力与动力。

2. 强化专业培训，提升业务能力

为使就业指导教师紧跟就业市场变化和学生需求，持续的专业培训必不可少。高校应构建常态化培训机制，定期组织教师参与各类专业培训课程与学术研讨会。培训内容需全面且具有针对性，涵盖就业政策深度剖析、职业规划理论与实践融合、面试技巧培训方法优化以及新兴行业发展趋势研判等多个维度。例如，针对国家新近颁布的大学生就业创业扶持政策，开展专项培训，确保教师能够精准解读并向学生传递政策要点，助力学生有效利用政策资源，增强就业竞争力。

此外，高校应积极鼓励教师参加职业指导师、心理咨询师等专业资格认证考试，通过系统备考与考核，提升教师专业资质与业务水平。同时，支持教师深入企业挂职锻炼，深度参与企业招聘、用人、人才培养等关键环节。以安排就业指导教师至企业人力资源部门实习为例，高校应使其全程参与企业招聘活动策划组织、员工培训与发展等工作，亲身感受企业实际运作模式与人才需求，进而在教学实践中提供更具实用性与针对性的指导。

加强高校就业指导师资队伍建设是一项系统而长期的工程，需要高校从多个方面协同推进。只有打造一支高素质、专业化的就业指导师资队伍，才能为学生提供优质、高效的就业指导服务，帮助学生顺利就业，实现高校人才培养与社会需求的有效对接。

第四节 推动校企深度协同

一、建立校企合作长效机制

高校作为人才培养的摇篮，肩负着为社会输送高素质专业人才的重任；企业作为市场经济的主体，对人才有着迫切的需求。建立校企合作长效机制，是实现高校人才培养与企业人才需求精准对接，促进教育链、人才链与产业链、创新链有机衔接的关键举措。

（一）明确合作目标，奠定长效合作基础

校企双方于合作起始阶段，就应清晰界定共同目标，以此确保合作方向的一致性。对高校来说，与企业建立合作关系是一扇了解行业前沿动态与企业实际需求的窗口。凭借这一窗口，高校得以深度洞悉行业趋势，从而有的放矢地对专业设置进行优化重组，使专业布局更贴合市场需求；同时，高校能够及时更新教学内容，将行业最新知识、技术与实践案例融入课程体系，让教学内容始终保持鲜活与实用。通过这些举措，高校能够全方位提升人才培养质量，增强学生在就业市场中的竞争力，为学生的职业发展奠定坚实基础。从企业角度出发，与高校开展合作有着明确的战略意图。一方面，企业期望通过合作获得高素质专业人才，有效缓解人才短缺的困境，为企业发展注入源源不断的智力支持；另一方面，企业可借助高校强大的科研力量，联合开展技术研发与创新项目，推动产品升级换代，提高企业产品的科技含量与市场竞争力，进而在激烈的市场角逐中脱颖而出，占据行业领先地位。

（二）建立保障机制，确保合作持续稳定

确保校企合作长效机制的顺利运行，构建完善的保障机制是关键，需从管理机构建设、制度完善以及监督评估强化等多方面协同推进。

首先，建立健全合作管理机构。高校与企业应联合设立专门的校企合作管理办公室，作为合作的核心枢纽。该办公室承担着合作项目全方位的策划、组织、协调与管理职责。在人员构成上，该办公室涵盖高校的教学管理、科研、学生工作等相关部门人员以及企业的人力资源、技术研发、战略规划等部门代表，以此保障多维度工作的有效对接。通过明确双方在合作中的职责与分工，可以为工作的高效开展奠定基础。例如，高校负责教学资源调配、学生组织管理，企业负责提供实践岗位、行业技术指导等。同时，高校与企业还应搭建常态化沟通平台，定期举行工作会议，及时交流信息，快速响应并解决合作过程中涌现的各类问题，确保合作的连贯性与稳定性。

其次，制定完善的合作管理制度。一套科学完备的合作管理制度，是规范合作流程、保障合作质量的制度基石。制度应覆盖合作项目从申报、审批、实施到评估、考核的全生命周期，并明确各环节的标准、流程与责任主体。在项目实施阶段，高校应建立定期检查与评估机制，依据预设的项目进度计划与质量标准，运用科学的评估方法，如定量与定性相结合的方式，对项目进展、成果产出、资源利用效率等进行全面检查。同时，高校还应设立合理的激励机制，对于在合作项目中表现卓越的高校教师、学生以及企业员工，给予包括荣誉表彰、物质奖励、职业发展机会倾斜等多形式激励，充分激发各方参与合作的内生动力，营造积极向上的合作氛围。

最后，加强合作过程中的监督与评估。定期对校企合作成效进行全面、深入的评估，是持续优化合作机制的重要手段。评估维度应多元化，涵盖人才培养质量，从学生专业技能提升、职业素养养成、就业竞争力增强等方面进行考量；科研成果转化，关注科研项目的产业化进程、经济效益与社会效益；企业经济效益提升，包括成本降低、产品创新、市场份额扩大等指标。通过系统的评估，全面总结合作过程中的经验与教训，高校可以精准识别存在的问题，如人才培养与企业需求的匹配度偏差、科研合作的资源配置不合理等。基于评估结果，及时调整合作策略、优化合作方式，高校可以推动校企合作在动态调整中不断提升质量与效益。

建立校企合作长效机制，是高校与企业实现优势互补、共赢发展的必然路径。通过明确合作目标、创新合作模式、构建完善的保障机制以及促进双方文化融合，能够有力推动高校人才培养与企业人才需求的深度契合，为社会源源不断地输送高素质、应用型人才，为经济社会的高质量发展提供强劲动力。

二、共建实习实训基地和就业创业基地

在当今竞争激烈的就业市场和快速发展的产业环境中，高校人才培养与企业实际需求的紧密对接愈发关键。校企共建实习实训基地和就业创业基地，作为实现这一目标的重要途径，为学生提供了实践平台，为企业输送了优质人才，同时也推动了高校教育改革与社会经济发展。

（一）实习实训基地：培育实践能力的摇篮

实习实训基地为学生提供了将理论知识转化为实际操作技能的平台。高校与企业在基地建设中紧密合作，依据不同专业的特点和需求，打造高度仿真的实践环境。企业技术骨干担任实习指导教师，从基础操作规范到复杂的工艺设计，对学生进行全方位指导。在实习实训过程中，学生不再局限于书本知识的学习，而是亲身参与到企业的实际生产中。这种实践经历不仅提升了学生的动手能力，还培养了他们解决实际问题的能力和团队协作精神。学生提前适应了企业的工作节奏与独特文化氛围。企业严谨的工作态度、高效的时间管理、追求卓越的质量意识等，在潜移默化中影响着学生，促使学生在实习过程中逐渐养成良好的职业习惯，为毕业后顺利融入职场做好充分准备，有效缩短了从校园到职场的适应周期。

（二）就业创业基地：开启职业发展的大门

就业创业基地是一座资源整合的宝库，为学生开启职业发展大门提供了全方位的支持。基地与众多企业、行业协会建立了紧密合作，能获取大量一手的就业信息与创业资源。在就业方面，通过举办各类招聘会、企业宣讲会，让学生足不出校就能接触到丰富的就业岗位。同时，基地还提供

系统的就业培训，从职场礼仪到职业技能提升，帮助学生快速适应职场需求。在创业领域，基地搭建起创业服务平台，提供项目孵化、资金对接、政策咨询等一站式服务，解决创业者的后顾之忧。

就业创业基地更是学生职业成长的加速器。对就业学生而言，能在基地获得实习与就业机会，让他们将理论知识用于实践，快速积累工作经验，实现从校园到职场的平稳过渡。对于创业学生而言，基地提供的实践平台和导师指导，助力他们将创意转化为实际的商业项目，在创业过程中锻炼创新能力、组织能力和市场开拓能力。这些经历都成为学生职业生涯中宝贵的财富，为他们未来的职业发展铺就坚实道路。

第五节　切实做好大学生创业指导

在“大众创业、万众创新”的时代背景下，大学生创业已成为推动社会经济发展与科技创新的重要驱动力，也是大学生实现自我价值的重要途径之一。为积极鼓励并大力支持大学生投身创业浪潮，我国接连颁布了一系列扶持大学生创业的政策法规，这使得大学生的创业环境持续优化。在此背景下，一批大学生创业者崭露头角，进而吸引了越来越多的大学生踏上创业征程。然而，市场环境风云变幻、充满不确定性，创业并非坦途，专业指导不可或缺。高校创业指导教师肩负着重要使命，应该为大学生创业者传授基础理论知识并给予专业指导，助力他们在创业过程中理清思路，精准分析并有效解决问题，从而提高创业成功的概率，最终实现创业梦想，在激烈的市场竞争中站稳脚跟。

一、创业指导的内容

（一）创业意识培养

创业绝非仅仅是追求经济利益的简单行为，从社会发展视角来看，它是推动产业创新、促进就业增长以及优化资源配置的关键驱动力；从个人成长维度而言，创业为大学生提供了将知识转化为实际生产力的平台，是其实现自我价值、积累社会资本和提升综合能力的有效途径。

为激发学生的创业热情与主动性，高校可通过引入创业成功案例深度剖析，结合行业发展趋势分析，让学生切实感受到创业机遇的广泛性与可行性。例如，展示互联网科技领域中大学生凭借创新思维与不懈努力缔造商业传奇的实例，使学生认识到创业并非遥不可及。同时，开展创业主题讲座、研讨会等活动，邀请创业领域的专家学者、成功企业家分享经验与见解，营造积极的创业氛围，点燃学生内心的创业火种。

针对学生对创业的恐惧与误解，高校应采用系统性的疏导策略。一方面，深入剖析创业过程中可能面临的风险因素，如市场竞争风险、资金短缺风险、技术迭代风险等，并传授相应的风险识别与应对方法，让学生对创业风险有清晰的认知，从而消除因未知而产生的恐惧。另一方面，通过对比创业与传统就业路径的优劣，纠正学生对创业的片面理解，让他们明白创业虽然充满挑战，但也蕴含着独特的发展机遇与成长空间。

（二）创业知识传授

创业知识涵盖创业活动的各个关键领域，如创业项目选择、市场调研、商业模式设计、财务管理、市场营销、法律法规等，高校教师需要为学生搭建起一个系统且全面的知识架构，为学生创业实践筑牢坚实的理论根基。

选择创业项目是创业的起始点，其重要性不言而喻。教师应引导学生从自身兴趣、专业特长以及市场需求出发，综合考量项目的创新性、可行性与可持续性。例如，通过运用 SWOT 分析法，帮助学生清晰认识项目自身的优势、劣势，以及外部环境所带来的机会与威胁，从而在众多潜在项目中筛选出最具潜力的创业方向。

市场调研是了解市场需求、把握市场动态的关键手段。在教学过程中，教师要向学生传授多种调研方法，包括问卷调查法、访谈法、焦点小组讨论法以及大数据分析法等。同时，教导学生对调研数据进行科学的整理、分析与解读，使学生能够精准洞察市场痛点、消费者偏好以及竞争对手态势，为创业项目的定位与发展策略制定提供有力依据。

商业模式设计关乎创业项目的运营逻辑与盈利模式。教师需深入讲解常见的商业模式类型，如平台模式、共享模式、免费增值模式等，并结合实际案例，引导学生思考围绕自身创业项目的核心价值主张，构建起独特且高效的商业模式。这包括明确目标客户群体、设计产品或服务交付方式、规划收入来源与成本结构等关键要素。

财务管理是创业活动得以持续开展的重要保障。教师要让学生掌握基本的财务知识，如财务报表分析、资金预算编制、成本控制以及融资渠道选择等。通过学习，学生能够准确评估创业项目的财务健康状况，合理规划资金使用策略，有效应对可能出现的财务风险，确保企业在资金层面的稳定运作。

市场营销是将创业项目推向市场、获取客户认可的关键环节。教师应传授市场营销的经典理论，如 4P 理论（产品、价格、渠道、促销）与 4C 理论（顾客、成本、便利、沟通），并结合当下数字化营销的趋势，教导学生运用社交媒体营销、内容营销、搜索引擎优化等手段，提升创业项目的品牌知名度与市场影响力，吸引并留住目标客户群体。

法律法规知识是创业过程中不可忽视的重要内容。教师需向学生普及与创业相关的法律法规，如公司法、合同法、知识产权法、税法等，让学生了解在创业过程中如何依法依规开展经营活动，保护自身合法权益，避免因法律风险而导致创业失败。例如，在企业设立环节，指导学生了解公司注册流程与相关法律规定；在商业合作中，教导学生签订规范的合同，防范合同纠纷。

（三）创业技能训练

这一环节是高校创业教育的核心实践环节，旨在通过多样化的实践操作与模拟训练，全面提升学生将理论知识转化为实际创业行动的能力，为其成功创业奠定坚实基础，它包括商业计划书撰写、项目路演技巧、团队组建与管理、资源整合能力等，通过实践操作和模拟训练，提升学生的实际创业能力。

商业计划书是创业项目的蓝图，是创业者向投资者、合作伙伴等展示项目商业逻辑、运营规划和发展前景的重要文件。在教学过程中，教师应引导学生深入理解商业计划书的结构与内容要点。从项目概述入手，清晰阐述创业项目的核心产品或服务、目标市场以及独特价值主张；市场分析部分，要求学生运用翔实的数据和严谨的调研结论，剖析市场规模、增长趋势、竞争格局以及目标客户群体特征；在产品或服务描述板块，需精准说明产品或服务的功能、特性、研发进度以及后续迭代计划；运营与管理章节，涵盖组织架构、团队成员职责分工、运营流程以及质量管理体系；财务规划则包括初始投资预算、收入预测、成本分析、利润预测以及现金流规划等内容。通过系统学习与反复练习，学生能够掌握撰写一份逻辑严密、内容翔实、具有吸引力的商业计划书的技巧，为项目的融资与实施提供有力支撑。

项目路演是创业者向外界展示项目优势与潜力，争取投资、合作机会的关键途径。教师应着重培养学生的表达能力、沟通技巧以及舞台表现力。在表达能力方面，教导学生运用简洁明了、生动形象的语言，清晰阐述项目的核心亮点，避免使用过于专业或晦涩难懂的术语；沟通技巧方面，引导学生关注听众需求，把握演讲节奏，通过眼神交流、肢体语言等方式与听众建立良好互动；舞台表现力的训练包括着装仪态、语音语调的控制以及 PPT 演示技巧等。例如，通过模拟路演场景，让学生在实践中不断打磨演讲内容与表现形式，学会应对各种突发情况，提升在高压环境下的应变能力，从而在实际路演中能够自信、有效地展示创业项目，吸引潜在投资者与合作伙伴的关注。

创业团队是创业成功的关键因素之一，其协作效率和凝聚力直接影响项目的发展进程。教师应指导学生学会根据创业项目的需求，合理组建团队。在团队成员选拔上，注重成员的专业技能、性格特点以及价值观的匹配度，确保团队具备多元化的知识与能力结构，同时拥有共同的目标和愿景。在团队管理方面，指导学生运用科学的管理方法，如目标管理、任务分配、绩效考核以及激励机制等，激发团队成员的积极性和创造力。通过组织团队建设活动、模拟团队协作项目等方式，让学生在实践中体验团队协作的重要性，学会解决团队内部的冲突与矛盾，提升团队协作能力和管理水平，打造一支高效、稳定的创业团队。

资源整合能力是创业者在创业过程中获取和利用各种资源，实现项目发展目标的关键能力。教师应引导学生认识到创业所需资源的多样性，包括人力资源、资金、技术、信息、社会关系等。在资源获取方面，教导学生通过多种渠道拓展资源，如利用高校的创业资源平台、参加创业大赛、与企业合作等方式获取资金、技术支持；通过社交网络、行业活动等途径积累人脉资源。在资源利用上，培养学生学会优化资源配置，根据项目发展阶段和实际需求，合理分配和整合各类资源，提高资源利用效率。例如，通过案例分析和实践项目，让学生学习将有限的资金投入到关键业务环节，借助合作伙伴的技术优势弥补自身短板，从而提升学生的资源整合能力，为创业项目的顺利推进提供充足的资源保障。

通过以上系统的创业技能训练，学生能够在实践中不断提升自身的实际创业能力，更好地应对创业过程中面临的各种挑战，提高创业成功的概率。

二、创业心理辅导

创业之路并非坦途，大学生创业者在前行过程中，极易受到压力、挫折与失败的多重冲击。这些负面因素不仅阻碍创业项目的顺利推进，还对创业者的心理健康构成严重威胁。因此，作为高校创业教育体系关键组成部分的创业心理辅导，其重要性日益凸显。

（一）压力来源广泛而复杂

从外部环境来说，市场风云变幻、竞争异常激烈，政策法规也不断调整，这一切都给创业者带来极大的不确定性。例如，新的竞争对手进入市场，可能瞬间挤压原有市场份额；政策的突然转向，可能迫使创业项目改变发展方向，这些都使创业者长期处于高度紧张的状态。从内部因素来看，创业任务艰巨、资源有限，团队管理又十分复杂，这对创业者的心理承受能力提出了极高要求。长时间的高强度工作、资金紧张以及团队成员间的矛盾冲突，都可能引发创业者的焦虑、抑郁等负面情绪。

（二）挫折如影随形

挫折成为创业者难以回避的挑战。当精心打磨的产品或服务推向市场后，却因不符合消费者需求、缺乏市场竞争力等因素，未得到市场的认可与接纳，这无疑意味着创业者在前期投入的大量人力、物力、财力与时间成本付诸东流；团队成员因理念不合、利益分配不均或职业规划变动而离职，甚至团队内部出现合作破裂的情况，会严重削弱团队的凝聚力与战斗力，使原本紧密协作的工作节奏被打乱，工作效率大幅降低。这些挫折不仅给创业项目带来资金亏损等实际损失，还会在精神层面沉重打击创业者的自信心与积极性，让他们在自我审视中不断产生自我怀疑，陷入深深的挫败感，对创业前景感到迷茫与困惑。

（三）失败是创业过程中最不愿面对却又可能发生的结果

一次创业失败，不仅意味着资金损失和时间浪费，还可能使创业者在社会舆论中陷入不利境地，遭受他人的质疑与否定。这种来自外部和内部的双重压力，可能导致创业者陷入严重的心理危机，产生自卑、绝望、恐惧再次尝试等情绪。

针对这些问题，创业心理辅导通过一系列科学有效的方法和策略，助力学生应对压力、挫折与失败。在压力管理方面，教师运用心理学中的压力应对理论，如认知行为疗法，帮助学生识别并改变负面思维模式和认知偏差，引导他们采取积极的应对方式，像合理规划时间、寻求社会支持、进行放松训练等。面对挫折，借助挫折教育理论，培养学生的挫折承受力和复原力。通过开展挫折应对培训课程，可以让学生明白挫折的普遍性和必然性，学会从挫折中汲取经验教训，调整心态和策略，重新振作起来。同时，组织创业成功人士分享自身经历，可以让学生从他人故事中获得启示与鼓舞，增强应对挫折的信心和勇气。在应对失败时，依据心理韧性理论，帮助学生挖掘自身的心理韧性资源，如乐观的心态、坚定的信念、良好的人际关系等，引导他们将失败视为成长的机会，而非终点。通过失败案例分析、心理咨询等方式，可以帮助学生正确看待失败，缓解失败带来的负面情绪，重新树立创业的信心和目标。

系统而全面的创业心理辅导，能够培养学生坚韧不拔的创业精神和良好的心理素质，使他们在面对创业过程中的种种困难时，始终保持积极乐观的心态，勇敢迎接挑战，不断追求创业梦想，为未来的创业之路筑牢坚实的心理基础。系统而全面的创业心理辅导，还可以帮助学生应对创业过程中可能面临的压力、挫折和失败，培养他们坚韧不拔的创业精神和良好的心理素质。

三、大学生创业模式的选择

（一）技术驱动型创业

技术驱动型创业，是指大学生凭借自身在某一技术领域扎实的专业知识和技能积累，将技术创新作为核心竞争力，通过研发具有创新性的产品或服务，来满足市场对新技术的迫切需求。例如，在人工智能领域，部分高校计算机专业的学生，凭借在深度学习算法研究方面的深厚功底，开发出智能图像识别软件。该软件不仅能应用于安防领域，实现精准的人脸识别和行为分析，有效提升安防监控的效率和准确性；还能在医疗影像分析中发挥关键作用，辅助医生快速、准确地识别病症，为疾病诊断提供有力支持。

这种创业模式的优势显著。一方面，技术壁垒高，一旦研发出具有核心竞争力的技术，便能在市场中迅速占据有利地位，形成强大的竞争优势，获取高额利润。另一方面，技术创新往往能够引领行业发展，满足市场对新技术的刚性需求，市场潜力巨大。

然而，技术驱动型创业也面临诸多挑战：研发周期通常较长，需要投入大量的时间和精力进行技术攻关；资金投入大，从研发设备采购、技术人才招聘到研发过程中的各项费用，都需要雄厚的资金支持；技术迭代风险高，随着科技的飞速发展，技术更新换代的速度极快，如果不能及时跟上技术发展的步伐，前期投入的大量资源可能付诸东流。

为应对这些风险，大学生创业者需组建专业的技术团队，确保团队成员具备扎实的专业知识和创新能力；积极与科研机构、高校展开合作，借助外部科研力量攻克技术难题；合理规划资金，制订详细的研发预算和资金使用计划；同时，建立技术研发储备机制，提前布局新技术的研发，时刻关注行业技术动态，保持技术领先地位。

（二）创意创新型创业

创意创新型创业，聚焦于独特的创意和新颖的商业模式，旨在通过创新性的解决方案，打造全新的产品或服务形态，满足市场中尚未被充分挖掘的需求。以共享经济模式下的共享单车和共享办公为例，它们打破了传统的资源使用模式，通过整合闲置资源，实现资源的高效利用，为用户提供了更加便捷、经济的服务。

大学生富有创意和创新思维，在创意创新型创业中具有独特优势。这种创业模式容易吸引关注，能够迅速抓住市场的眼球，满足消费者对新奇事物的追求。例如，有大学生发现城市中宠物寄养服务存在不规范、成本高的问题，于是创立了线上线下结合的宠物共享寄养平台。通过该平台，宠物主人可以将宠物寄养在经过认证的家庭中，不仅降低了寄养成本，还能让宠物在更温馨的环境中生活。同时，平台提供寄养家庭筛选、宠物健康跟踪等服务，有效解决了传统宠物寄养服务的痛点。

然而，创意创新型创业也面临一些风险。一方面，创意容易被模仿，一旦商业模式取得成功，竞争对手可能迅速跟进，导致市场竞争加剧。另一方面，市场接受度不确定，由于创意和商业模式较为新颖，消费者可能需要一定时间来接受和适应，这给创业项目的推广和盈利带来了不确定性。

为应对这些风险，大学生创业者应注重知识产权保护，及时申请专利、商标等，防止创意被抄袭；在项目推广前，进行充分的市场调研和测试，了解消费者需求和反馈，不断优化产品或服务；加强品牌建设，通过独特的品牌形象和优质的服务，提高用户忠诚度，增强市场竞争力。

（三）加盟连锁型创业

加盟连锁创业模式，是指大学生通过加盟成熟的品牌，借助品牌的知名度、成熟的运营模式和完善的市场渠道，开展创业活动。例如，加盟知名的餐饮品牌、教育培训品牌等。以加盟一家奶茶店为例，大学生创业者可以直接使用品牌的配方、装修风格、营销方案等，总部还会提供专业的培训和后续支持，包括人员培训、原材料供应、市场推广指导等。

这种创业模式的优势在于能够降低创业风险。品牌的知名度可以吸引大量的客户，减少市场推广的难度和成本；成熟的运营模式为创业者提供了可供借鉴的经验，降低了运营管理的难度；总部的支持和培训，有助于创业者快速上手，提高创业成功的概率。然而，加盟连锁创业也存在一定局限性：加盟费用通常较高，对于资金有限的大学生创业者来说，可能是一笔不小的负担；在经营上受到总部的诸多限制，创业者的自主性相对较低；利润空间相对有限，需要按照合同约定向总部支付一定比例的费用。

大学生创业者在选择加盟连锁创业时，要充分了解加盟品牌的市场口碑、运营状况和加盟政策。仔细评估加盟费用、利润分配、总部支持等关键因素，选择适合自己的加盟项目；在加盟合同签订前，认真研读合同条款，明确双方的权利和义务，避免潜在的纠纷；在经营过程中，积极与总部沟通合作，充分利用总部提供的资源和支持，同时结合当地市场特点，灵活调整经营策略，提高经营效益。

（四）电商平台创业

在互联网高度发达的今天，电商平台创业为大学生提供了广阔的发展空间。大学生可以利用淘宝、京东、抖音等电商平台，销售特色产品或服务。例如，一些艺术专业的学生通过电商平台销售自己的原创手工艺品、设计作品等。这些作品凭借独特的设计和个性化的风格，吸引了众多消费者的关注和购买。

电商平台创业的优势十分明显：启动成本低，创业者无须租赁实体店面，只需在电商平台上注册店铺，即可开展业务；市场覆盖面广，通过互联网，创业者可以将产品或服务推向全国乃至全球市场，能够快速接触到大量客户；电商平台提供了丰富的营销工具和数据分析功能，有助于创业者精准定位目标客户，制定有效的营销策略。但同时，电商平台创业也面临激烈的竞争，众多商家在同一平台上竞争，产品同质化严重；平台规则变化频繁，创业者需要及时了解和适应平台规则的调整，否则可能面临处罚；物流配送也是一个重要问题，物流服务质量直接影响客户体验。

为应对这些挑战，大学生创业者要注重产品或服务的差异化，打造独特的品牌形象，提高产品的竞争力；密切关注电商平台的规则变化，及时调整经营策略；选择优质的物流合作伙伴，优化物流配送流程，提高物流效率和服务质量；利用电商平台的数据分析功能，深入了解客户需求和市场趋势，精准营销，提高销售转化率。

大学生在选择创业模式时，要充分评估自身的优势和劣势，结合市场需求和行业发展趋势，谨慎做出决策，为创业成功奠定坚实基础。通过以上全面系统的创业计划，高校可以为学生创业提供清晰的行动指南，提高创业成功的概率，实现创业目标，为社会经济发展贡献力量。

第六节　加强就业信息化建设

在习近平新时代中国特色社会主义思想的引领下，数字中国建设全面铺开。如今，全球规模最大、充满无限活力的数字社会已然崛起，处处彰显着蓬勃发展的态势，对高校就业信息化建设也提出了更高的要求。

一、建立完善的就业信息平台

完善的就业信息平台成为高校提升就业服务质量、促进学生充分就业的关键之举。它不仅能打破信息壁垒，实现人才与岗位的精准对接，还能为高校就业工作的科学决策提供有力支撑。

（一）平台功能的全面规划与设计

完善的就业信息平台应具备全方位的功能。招聘信息发布是基础功能，要确保信息的丰富性与及时性。平台需与各类企业建立广泛合作，涵盖不同行业、规模和地域，无论是大型国有企业、外资企业，还是充满活力的中小企业，都能在平台上发布招聘岗位，从技术研发、市场营销到行政管理等各类岗位一应俱全。同时，实时更新岗位信息，让学生第一时间获取最新的招聘动态。

求职服务功能则是满足学生个性化需求的关键。学生可在平台上创建个人求职档案，详细填写个人基本信息、专业技能、实习经历、获奖情况以及就业意向等内容。平台根据这些信息，运用智能匹配算法，为学生精准推送符合其需求的岗位信息。此外，平台还应提供简历制作指导、面试技巧培训等服务，通过线上课程、案例分享、模拟面试等形式，帮助学生提升求职能力。

就业指导功能也不可或缺。平台整合职业规划、行业分析、就业政策解读等资源，为学生提供全面的就业指导。职业规划课程涵盖自我认知、职业探索、职业决策等环节，帮助学生明确职业方向；行业分析报告让学生了解不同行业的发展趋势、人才需求特点，以便做出合理的职业选择；就业政策解读则确保学生及时掌握国家和地方的就业扶持政策，充分利用政策资源实现就业。

（二）数据的深度挖掘与精准应用

数据是就业信息平台的核心资产，深度挖掘和精准应用数据能为就业工作提供强大支持。通过对学生求职行为数据的分析，如浏览岗位类型、投递简历次数、面试反馈等，可以了解学生的求职偏好和存在的问题。若发现某专业学生普遍对某类岗位关注度高但投递成功率低，可针对性地开展求职辅导，帮助学生改进求职策略。

对企业招聘数据的分析同样重要，包括企业招聘岗位数量、专业要求、招聘时间分布等。这些数据能帮助高校了解市场需求变化，为专业设置和人才培养方案的调整提供依据。若某一新兴行业对相关专业人才需求持续增长，高校可考虑增设相关专业或调整课程设置，以满足市场需求。

此外，平台还应建立就业质量跟踪反馈机制，对毕业生的就业情况进行长期跟踪，收集毕业生的就业满意度、薪资待遇、职业发展等信息，并分析这些数据与高校人才培养之间的关联。通过这些反馈，高校能够不断优化就业服务，提高人才培养质量，实现人才培养与就业市场的良性互动。

（三）平台与外部资源的协同整合

为了进一步提升平台的价值，高校应加强就业信息平台与外部资源的协同整合，比如与政府部门合作，获取就业政策支持和就业岗位信息。政府往往掌握着大量的就业扶持项目和公共部门的招聘信息，高校与政府合作，能将这些信息及时传递给学生，拓宽学生的就业渠道。

高校应与行业协会、人力资源服务机构等建立合作关系，共享行业动态和人才需求信息。行业协会了解行业发展趋势和企业人才需求，人力资源服务机构拥有丰富的招聘渠道和人才资源，高校与它们合作，能获取更全面、准确的就业信息，为学生提供更多的就业机会。

此外，高校还可与其他高校的就业信息平台进行互联互通，实现信息共享。不同高校的专业特色和就业资源各有优势，通过平台间的合作，学生可以获取更广泛的就业信息，高校也能相互借鉴就业工作经验，共同提升就业服务水平。

二、加强就业信息的收集与整理

就业信息的收集与整理，是提升就业服务质量、促进毕业生高质量就业的关键环节，关乎学生职业发展与高校人才培养成效。

（一）多渠道广纳就业信息

高校应构建全方位、多层次的信息收集网络，广泛捕捉就业信息，其中与企业直接对接是获取一手信息的关键路径。具体而言，可通过举办企业宣讲会与招聘会，主动邀请各类企业走进校园，与企业人力资源部门搭建长期稳定的沟通桥梁。同时，定期走访本地及周边地区的重点企业，积极开展访企拓岗专项行动，深入了解企业的人才需求计划、岗位设置详情以及招聘时间安排等信息，以此为学生就业创造更多机会，推动高校就业工作的高质量发展。

充分利用网络招聘平台也是关键。当下，智联招聘、前程无忧等专业招聘网站汇聚海量岗位信息，高校应安排专人负责筛选、整理，提取与本校专业设置匹配的岗位，将其分类汇总至校内就业信息系统。同时，关注行业垂直招聘平台，如教育类岗位可关注“教师人才网”，医疗岗位聚焦“丁香人才”等，精准获取行业专属就业信息。

此外，高校还应积极拓展校友资源。校友遍布各行业各领域，他们熟悉母校专业特色与学生优势，高校可通过校友联谊会、校友工作办公室等渠道，鼓励校友提供所在企业或行业的招聘信息。校友不仅能分享岗位空缺信息，还能从自身职业发展经历出发，为学弟学妹提供求职建议与职业规划指导。

（二）严谨规范整理就业信息

为确保就业信息能够高效、准确地服务于学生求职与高校就业工作，严谨规范整理就业信息至关重要，具体可从以下几方面着手。

（1）建立标准化信息收集模板。高校应制定统一的就业信息收集模板，涵盖企业基本信息，如企业名称、性质、规模、行业领域、联系方式；岗位详细信息，包括岗位名称、工作职责、任职要求、薪资待遇、工作地点；招聘流程信息，比如报名方式、截止时间、笔试面试安排等。这样能保证收集到的信息格式统一、内容完整，便于后续处理。

（2）科学分类与细致归档。高校应依据不同标准对就业信息进行分类。按行业类别，如制造业、信息技术业、金融业、教育业等进行划分；按岗位性质，分为技术类、管理类、营销类、职能支持类等；按招聘对象，分为应届毕业生岗位、有经验人才岗位等。分类完成后，将信息进行电子与纸质双重归档，方便检索与查询。

（3）严格审核与动态更新机制。高校应组建专业的信息审核团队，对收集到的就业信息进行严格审核。核实企业的真实性与合法性，通过工商登记查询、企业口碑调研等方式，避免学生遭遇虚假招聘或就业陷阱。同时，关注企业招聘动态，及时更新岗位信息，如岗位招满、招聘时间变更等，确保信息的时效性。

（4）数据安全与保密措施。在整理就业信息过程中，高校应重视数据安全与保密。对涉及学生个人信息，如简历、联系方式、成绩单等，以及企业敏感信息，如商业机密、未公开的招聘计划等，采取严格的加密存储与访问权限控制措施，防止信息泄露。

（三）建立动态更新机制

建立动态更新机制是确保就业信息始终保持准确、及时、有效的关键举措，对高校就业工作以及学生求职意义重大，高校可从多维度开展工作。

（1）多渠道信息收集与实时监控。除了传统的企业主动反馈、实地走访等方式，高校要充分利用互联网平台的信息优势。一方面，与主流招聘网站建立合作关系，通过接口对接获取实时的企业招聘信息更新。例如，与 BOSS 直聘、智联招聘等平台合作，设置专门的高校就业信息抓取模块，精准筛选出适合本校学生的岗位信息，并及时更新到校内就业信息系统。另一方面，运用网络爬虫技术，对企业官方网站、社交媒体账号等进行定期扫描，抓取最新的招聘动态。比如，关注大型企业的官方微信公众号、微博账号，一旦发布新的招聘启事或岗位变更信息，能够迅速捕捉并同步到高校就业信息库。

（2）定期回访与沟通机制。安排专人负责与合作企业进行定期回访，频率设定为每月至少一次。在回访过程中，详细了解企业招聘进度、岗位需求变化、是否有新增招聘计划等信息。例如，对于正在进行校园招聘的企业，及时询问笔试、面试的时间调整，以及岗位录取情况。同时，建立企业招聘负责人与高校就业指导中心的直接沟通渠道，如设立专门的企业招聘服务热线、在线沟通群组等，方便企业随时反馈招聘信息的变更，确保高校能够第一时间获取并更新相关内容。

（3）建立更新优先级体系。根据信息的重要性和时效性，建立科学合理的更新优先级体系。①最高优先级：对于即将在3~5天内截止报名的岗位，由于时间紧迫，学生需要尽快获取信息以完成报名流程，所以列为最高优先级。企业紧急新增的岗位，这类岗位往往有着特殊的人才需求，能为学生提供意想不到的就业机会，也被设定为最高优先级。与本校重点专业紧密相关的岗位信息，因为直接关系到重点专业学生的就业对口问题，关乎学校优势学科的人才输送和发展，同样纳入最高优先级范畴。一旦获取到这类信息，负责人员须立即放下手头其他非紧急任务，优先处理更新。通过专门的信息发布系统，同时向学生的个人电子邮箱发送邮件提醒，邮件主题突出“紧急重要就业信息”；在校园App上以弹窗形式推送，确保学生打开App就能看到；在学校就业信息网首页设置滚动置顶条，让学生一进入网站就能关注到。②较高优先级：对于报名截止时间在一周到半个月内的岗位，以及企业扩大招聘规模或调整重要岗位招聘要求的信息，设定为较高优先级。在更新时，会在就业信息网对应板块进行加粗标注，在校园公告栏张贴醒目标识提醒，并在班级群内由辅导员或就业委员进行转发通知。③普通优先级：常规的岗位信息更新，如薪资微调幅度在5%以内、工作地点小范围变动在同城区域内等情况，按照常规流程在1~2个工作日内完成更新。在就业信息网的普通列表中进行更新显示，在校园App的日常推送消息中进行同步。

（4）引入智能技术辅助更新。借助人工智能和大数据分析技术，实现就业信息的智能化更新。通过对海量历史就业信息和当前市场招聘数据的分析，预测企业招聘趋势和岗位需求变化，提前做好信息更新准备。例如，利用机器学习算法，根据过往企业招聘周期和岗位发布规律，预测某些企业可能的招聘时间和岗位类型，提前与企业沟通确认，确保信息的前瞻性。同时，运用自然语言处理技术，对收集到的非结构化招聘信息进行自动分类、提取关键信息和更新，提高更新效率和准确性。

（5）学生反馈驱动的更新优化。鼓励学生积极参与就业信息的更新工作，建立学生反馈机制。在学校就业信息平台设置便捷的反馈入口，学生在浏览就业信息时，如发现信息有误、岗位已招满或有新的相关就业信息，可随时提交反馈。学校就业指导中心安排专人负责收集、整理学生反馈信息，对于有效反馈及时进行信息更新，并给予反馈学生一定的奖励，如就业指导服务优先预约、小礼品等，激发学生参与信息更新的积极性，形成信息更新的良性循环。

（四）深度挖掘与分析信息

高校除了要对招聘信息进行信息收集与整理，还应深度挖掘其潜在价值，通过对就业信息的分析，了解不同专业的就业趋势、岗位需求变化规律，为专业设置与人才培养方案调整提供依据。若连续多年发现某专业的市场需求持续下降，高校可考虑对该专业进行优化升级，调整课程设置，增加实用性课程，培养符合市场需求的复合型人才。

高校还应对企业招聘要求进行分析，提炼出关键技能与素质要求，反馈给教学部门，促进教学改革。如发现企业对计算机专业学生的数据分析能力要求日益提高，高校可在课程体系中增加数据分析相关课程，提升学生的专业技能水平。此外，通过对就业信息的分析，还能为学生提供个性化的就业指导。比如，根据学生的专业、兴趣、就业意向等信息，结合就业市场需求，为学生制定专属的求职建议，如推荐合适的岗位、指导学生提升特定技能等，提高学生求职成功率。

第五章　政企协同赋能，拓宽大学生职业路径

第一节　完善政策支持体系

党中央与国务院始终将高校毕业生就业工作置于重要地位，教育部门积极响应并协同相关部门及地方政府，从多维度全方位强化政策扶持力度。在就业服务保障体系建设方面，政府通过优化资源配置、整合服务流程，构建起更为完善高效的保障机制；同时，着力搭建健全的多元激励机制，充分调动各方积极性。在此进程中，各地教育主管部门联合高校，深入挖掘政策潜能，依托大数据分析、市场调研等手段，对就业市场进行精准剖析与研判，灵活运用政策杠杆，出台一系列涵盖税收优惠、创业补贴、岗位补贴等在内的鼓励性政策，积极拓展校企合作、校地合作等就业合作渠道，为高校毕业生开拓更为广阔的就业空间，致力于达成毕业生充分就业与高质量就业的目标，促进人力资源与社会经济发展的深度融合与高效对接，推动社会经济持续稳定发展。

一、优化就业补贴政策

政府设立专项就业扶持基金，对吸纳大学生就业的企业给予资金奖励，按吸纳人数和就业时长进行梯度补贴。

（一）社会保险补贴

为助力小微企业吸纳高校毕业生就业，切实减轻企业负担，针对小微企业招用毕业当年以及离校 2 年内未就业高校毕业生的情况，政府出台了专项社会保险补贴政策。当小微企业与上述高校毕业生签订 1 年以上劳动

合同，并依法为其缴纳社会保险费，政府将按企业为高校毕业生实际缴纳的基本养老保险费、基本医疗保险费和失业保险费给予补贴，个人缴纳部分不在补贴范围内，补贴期限最长不超过 1 年。这一政策有效缓解了小微企业在用人成本上的压力，激励企业积极为高校毕业生提供就业岗位，促进高校毕业生顺利就业。

（二）就业见习补贴

为提升离校 2 年内未就业高校毕业生以及 16~24 岁登记失业青年的就业能力，对吸纳这些人员参加就业见习的单位，政府给予一定标准的就业见习补贴。该补贴主要用于见习单位支付见习人员见习期间的基本生活费，保障其基本生活需求；为见习人员办理人身意外伤害保险，消除见习期间的安全顾虑；支付对见习人员的指导管理费用，确保见习活动的有序开展。若见习单位对见习人员的见习期满留用率达到 50% 以上，政府还会适当提高见习补贴标准，以此鼓励单位用心培养见习人员，实现人才与岗位的有效对接。

（三）职业培训补贴

为提高企业新录用高校毕业生的职业技能，对于企业新录用的毕业年度高校毕业生（含技工院校高级工班、预备技师班、技师班和特殊教育院校职业教育类毕业生）等人员，企业与之签订 1 年以上期限劳动合同后，自签订劳动合同之日起 1 年内，若企业依托所属培训机构或政府认定的培训机构开展岗位技能培训，且培训后学员取得相应证书，将给予职工个人或企业一定标准的职业培训补贴。此外，对于按照国家有关规定参加企业新型学徒制培训、技师培训的企业在职职工，培训后取得证书的，同样给予职工个人或企业一定标准的职业培训补贴，以此推动企业人才队伍建设，提升整体就业质量。

（四）生活补贴

为吸引人才到我国西部、边疆等偏远地区发展，政府针对到这些地区就业的大学生，除了提供一次性的高额就业补贴外，还会按年度发放生活补助。例如，2017 年 8 月，西藏自治区人社厅、财政厅等部门联合发布了《西藏自治区高校毕业生市场就业补贴政策实施细则（试行）》，就自治区内就业补贴、自治区外就业补贴以及一次性求职补贴，从补贴对象、补贴项目及标准、申报材料和程序等方面进行了详细规范。按照《西藏自治区高校毕业生市场就业补贴政策实施细则（试行）》的规定，与自治区内企业签订 3 年以上劳动合同的高校毕业生，可申领生活补贴和住房保障补贴；每月收入低于当年全区职工月平均工资标准的，按当年自治区最低工资标准的 50%给予每人每月生活补贴，最长可达 5 年；租住房屋的高校毕业生，按当年自治区最低工资标准的 50% 给予月度住房补贴，最长可达 5 年；2017 年 1 月 1 日前与企业签订劳动合同的高校毕业生，2017 年 1 月 1 日后的合同期限，可按上述规定申请生活、住房保障和社保补贴，生活、住房保障补贴的申请年限与 2017 年 1 月 1 日前的合同年限合计不超过 5 年，社保补贴申请年限与 2017 年 1 月 1 日前的合同年限合计不超过 10 年，并按合同相应期限计算社保补贴标准。区外就业补贴主要包括生活、住房补贴及路费补贴。补贴对象为 2017 年 1 月 1 日后，毕业 5 年内的西藏自治区生源全日制普通高校毕业生（高考时户籍为西藏的高校毕业生）到区外企业就业的。针对签订 3 年以上劳动合同或聘用协议的高校毕业生，生活和住房补贴分别按当年当地最低工资标准的 50%，给予每人每月生活和住房补贴，最长可达 5 年；路费补贴为一次性给予每人 2 000 元路费补贴。这使得大学生在偏远地区就业时，能够在经济上得到充分保障，更专注于工作。

在重点行业领域，就业补贴政策同样发挥着重要导向作用。如新兴的战略性产业，像新能源、人工智能、生物医药等行业，是国家未来经济发展的重要支柱，对专业人才需求旺盛。政府对进入这些行业就业的大学生将依据行业的不同特点和需求，给予差异化的补贴。这不仅能吸引大学生投身重点行业，满足行业的人才需求，还能助力大学生在这些行业中更好地发展，缓解就业初期的经济压力。

二、强化税收优惠政策

（一）创业担保贷款及贴息政策

为支持小微企业发展，助力其创造更多就业岗位，政府针对小微企业推出创业担保贷款及贴息政策。在申请创业担保贷款前 1 年内，若小微企业新招用高校毕业生等符合条件人员人数达到一定比例，可申请最高不超过 400 万元的创业担保贷款，并由财政按规定给予贴息。具体而言，属于现行中小企业划型标准规定的小微企业，在申请前 1 年内新招用符合创业担保贷款申请条件的人数达到企业现有在职职工人数 10%（超过 100 人的企业达到 5%），并与新招人员签订 1 年以上劳动合同，且企业无拖欠职工工资、欠缴社会保险费等违法违规信用记录，即可申请最高不超过 400 万元的创业担保贷款和财政贴息支持，贷款期限不超过 2 年，为小微企业发展注入资金活力，以创业带动就业。

（二）税收优惠政策

2023 年 1 月 1 日至 2027 年 12 月 31 日，企业若聘用在人力资源和社会保障部门公共就业服务机构登记失业半年以上，且持就业创业证或就业失业登记证（注明“企业吸纳税收政策”）的高校毕业生等人员，同时签订 1 年以上期限劳动合同并依法缴纳社会保险费，自签订劳动合同并缴纳社会保险费当月起，3 年内可按实际招用人数予以定额依次扣减增值税、城市维护建设税、教育费附加、地方教育附加和企业所得税优惠。值得注意的是，若企业招用就业人员时，既符合本公告规定的税收优惠政策，又符合其他扶持就业专项税收优惠政策，企业可自主选择适用最优惠政策，但严禁重复享受，以确保政策实施的公平性与有效性。

（三）就业权益保障

为鼓励高校毕业生到中小微企业就业，保障其合法权益，相关政策明确规定高校毕业生在中小微企业就业时，在职称评定、项目申请、荣誉申报等方面，享受与国有企事业单位同类人员同等待遇。这一举措消除了高校毕业生到中小微企业就业的顾虑，为其职业发展提供公平的机会，促进人才在不同类型企业间的合理流动，推动中小微企业人才队伍建设。

三、基层就业激励政策

在社会发展进程中，基层和艰苦地区的建设始终是关键环节，而人才的合理流动与配置则是推动这些地区发展的核心动力。为积极引导大学生投身基层和艰苦地区工作，政府推出了一系列如“三支一扶”“西部计划”等极具影响力的专项政策。这些专项政策极具吸引力，参与“三支一扶”项目的大学生，会在支教、支农、支医和帮扶乡村振兴的岗位上发光发热；投身“西部计划”的大学生，则奔赴西部基层开展志愿服务，在服务期间，他们均可获得稳定的生活补贴，有力保障了基本生活需求。更为重要的是，当服务期满考核合格后，他们报考党政机关公务员的，可参加定向招录或给予适当加分。到西部地区和艰苦边远地区服务 2 年以上，服务期满后 3 年内报考硕士研究生的，初试总分加 10 分，同等条件下优先录取，为追求更高学术造诣开辟了绿色通道。对艰苦边远地区县以下基层单位服务的，可通过直接考察方式择优聘用到服务地的乡镇事业单位，大大增加了进入公职队伍的机会，拓宽了职业发展路径。

2022 年，教育部高校学生司、教育部学生服务与素质发展中心联合发布了《普通高校毕业生基层就业政策公告》，明确了鼓励毕业生到基层就业主要优惠政策、学费补偿和助学贷款代偿政策、基层就业户口档案政策、中央基层就业项目优惠政策等内容，主要如下。

（一）鼓励毕业生到基层就业主要优惠政策

（1）对高校毕业生到中西部地区和艰苦边远地区基层单位就业、履行一定服务期限的，按规定给予学费补偿和国家助学贷款代偿。

（2）结合政府购买服务工作的推进，在基层特别是街道（乡镇）、社区（村）购买一批公共管理和社会服务岗位，优先用于吸纳高校毕业生就业。

（3）艰苦边远地区基层机关招录高校毕业生可适当放宽学历、专业等条件，降低开考比例，可设置一定数量的职位面向具有本市、本县户籍或在本市、本县长期生活的高校毕业生。

（4）艰苦边远地区县乡事业单位公开招聘高校毕业生可适当放宽年龄、学历、专业等条件，可以拿出一定数量岗位面向本县、本市或者周边县市户籍人员或者生源招聘；乡镇事业单位招聘本科以上高校毕业生、县级事业单位招聘硕士以上高校毕业生，以及招聘行业、岗位、脱贫攻坚急需紧缺专业高校毕业生，可以结合实际情况，采取面试、直接考察的方式公开招聘；可以根据应聘人员报名、专业分布等情况适当降低开考比例，或不设开考比例，划定成绩合格线。

（二）学费补偿和助学贷款代偿政策

（1）对到中西部地区和艰苦边远地区基层单位就业的中央部门所属高校应届毕业生实行学费补偿或国家助学贷款代偿，本专科生每人每年最高不超过 12 000 元，研究生每人每年最高不超过 16 000 元。本科、高职（专科）、研究生和第二学士学位毕业生补偿学费或代偿国家助学贷款的年限，分别按照国家规定的相应学制计算。每年补偿学费或代偿国家助学贷款总额的三分之一，三年代偿完毕。

（2）各省（自治区、直辖市）制定吸引和鼓励本地所属高校毕业生面向艰苦边远地区基层单位就业的学费补偿和国家助学贷款代偿办法。

（三）基层就业户口档案政策

落实省会及以下城市放开对高校毕业生落户限制的规定，高校毕业生在基层就业可根据需要自愿迁移户口。人事档案按规定转至就业地县级人力资源社会保障部门所属公共就业和人才服务机构，或有关单位的组织人事部门。

（四）中央基层就业项目简介

近年来，中央有关部门组织实施的引导高校毕业生基层就业项目，主要包括："大学生志愿服务西部计划"、"三支一扶"计划、"农村义务教育阶段学校教师特设岗位计划"。

（五）中央基层就业项目优惠政策

（1）公务员招录优惠：每年拿出公务员考录计划的一定比例，专门用于定向招录服务期满且考核称职（合格）的服务基层项目人员。服务基层项目人员也可报考其他职位。

（2）事业单位招聘优惠：各省（自治区、直辖市）县乡基层事业单位公开招聘时，应根据本地区实际拿出一定数量或比例的岗位，对"三支一扶"等服务期满考核合格的人员进行专项招聘，并增加工作实绩在考察中的权重，聘用后可以不再约定试用期；省市事业单位公开招聘时，对"三支一扶"等服务期满且考核合格的人员同等条件下优先聘用。

（3）考学升学优惠：服务期满后三年内报考硕士研究生初试总分加 10 分，同等条件下优先录取；高职（专科）学生可免试入读成人本科。

（4）国家补偿学费和代偿助学贷款政策：参加中央基层就业项目的毕业生，符合规定条件的，可享受相应的学费补偿和助学贷款代偿政策。

（5）服务期满自主创业的，可享受税收优惠、行政事业性收费减免、创业担保贷款和贴息等有关政策。

（6）参加基层服务项目前无工作经历的人员，服务期满且考核合格后 2 年内，在参加机关事业单位考录（招聘）、各类企业吸纳就业、自主创业、落户、升学等方面可同等享受应届高校毕业生的相关政策。

（7）各基层就业项目服务年限计算工龄。服务期满到企业就业的，按照规定转接社会保险关系。

从社会层面来看，这些政策成效显著。一方面，有效缓解了长期以来基层人才短缺的难题，为基层和艰苦地区注入了新鲜血液与创新活力，推动当地教育、农业、医疗等各项事业蓬勃发展；另一方面，为大学生提供了丰富多元的职业选择，让他们在基层实践中磨炼意志、增长才干，积累宝贵的人生经验，实现个人成长与社会价值的有机统一。

四、创业扶持政策

在社会经济快速发展的背景下，大学生作为充满活力与创新精神的群体，是推动创业创新的重要力量。为充分激发大学生的创业热情，释放其巨大的创业潜力，政府高瞻远瞩，积极布局，推出了一系列全方位、多层次的创业扶持政策。

（一）资金支持（创业贷款）

创业资金是大学生创业面临的首要难题。政府通过创业贷款政策，联合金融机构为大学生创业者提供关键的资金支持。创业贷款的额度根据创业项目的类型、规模以及大学生的信用状况等因素综合评估确定。比如，2022 年 6 月 31 日，广东省人民政府办公厅发布《广东省进一步支持大学生创新创业的若干措施》（以下简称《措施》），指出对于成功入选国家级创新训练项目和创业训练项目的，将给予平均不低于 2 万元/项的经费支持。而入选国家级创业实践类项目的，更是会获得平均不低于 10 万元/项的经费支持，以满足创业实践过程中在场地租赁、设备购置、市场推广等方面的大额资金需求，推动创业项目顺利落地并实现可持续发展。在大学生创业担保贷款领域，《措施》释放出强劲的政策红利信号。对于符合相关条件的大学生个人创业者，凭借其自身创业项目的创新性与发展前景，最高可申请额度达 30 万元的创业担保贷款，这笔资金犹如开启创业大门的“金钥匙”，帮助他们迈出创业的第一步。倘若创业成果显著，带动 5 人及以上就业，充分彰显出创业项目的社会价值与良好发展态势，此类大学生创业者便有资格申请最高 50 万元的创业担保贷款，助力其扩大经营规模、优化团队结构，推动创业项目迈向新的台阶。而对于大学生成功创办且符合条件的小微企业，考虑到企业在成长过程中对资金的大额需求，《措施》给予大力支持，最高可申请高达 500 万元的创业担保贷款，为企业的技术革新、市场拓展以及人才招募等关键发展环节提供充足的资金保障，全方位助力小微企业茁壮成长，在激烈的市场竞争中崭露头角。

（二）能力提升（创业培训）

创业并非易事，需要创业者具备多方面的知识和技能。政府和各高校组织开展创业培训，旨在帮助大学生提升创业能力。培训内容涵盖创业理念的树立、创业项目的市场调研与分析、商业模式的设计、商业计划书的撰写、市场营销策略的制定、财务管理以及团队建设与管理等各个环节。

培训师资力量雄厚，汇聚了成功企业家、资深投资人和专业学者等。他们不仅传授理论知识，还分享丰富的实战经验。培训方式灵活多样，除了传统的课堂教学，还设置了创业模拟实训、案例分析、企业实地考察等环节。例如，重庆交通大学于2024年12月邀请中国青年创业导师付强和重庆沙坪坝区大学生就业创业公共服务中心主任郭德友为举办大学生创新创业能力提升专题培训，为学生开展创业模拟实训，大学生创业者可以在虚拟环境中模拟企业的运营管理，经历从市场开拓、产品研发到财务管理等一系列流程，提前熟悉创业过程中可能遇到的问题并掌握应对方法，为实际创业积累宝贵经验。

（三）平台搭建（创业孵化基地）

创业孵化基地是大学生创业项目成长的摇篮。政府和各高校大力建设创业孵化基地，为大学生创业者提供优质的创业平台。这些基地通常配备现代化的办公设施，如宽敞明亮的办公场地、高速稳定的网络、先进的办公设备等，大学生创业者可以根据自身需求租赁不同规模的办公空间，且在创业初期享受一定期限的租金减免优惠。例如，湖南农业大学的创业孵化基地，充分发挥商学、机电等多学科融合的优势，全力培育创新创业的沃土。截至目前，该基地已成功助力50多个学生创业团队完成公司注册，正式开启创业征程。同时，基地内还有近40个创业项目正在孵化中，呈现出蓬勃发展的良好态势。基地为入驻的创业项目提供了全方位、一站式的支持，不仅提供零租金的经营场地，降低学生创业的前期成本，还配备了专业的政策咨询服务，帮助创业团队精准把握政策导向；组织系统的创业培训，提升团队的创业技能和知识储备；开展科学的项目评估，为创业项目的发展提供专业指导。从硬件设施到软性服务，基地为学生创业团队保驾护航，助力他们在创业道路上稳健前行。

（四）税收优惠

高校毕业生等青年群体的就业状况，紧密关联着民生福祉的增进、经济发展的活力以及国家未来的走向。在近年来的发展进程中，为切实推动高校毕业生等青年就业创业，党中央、国务院高瞻远瞩，从政策层面发力，部署并实施了一系列极具针对性的税费优惠政策。

2023年6月，国家税务总局发布的《支持高校毕业生等青年就业创业税收优惠政策指引》规定：2019年1月1日至2025年12月31日，持就业创业证（注明“自主创业税收政策”或“毕业年度内自主创业税收政策”）的毕业年度内高校毕业生从事个体经营的，自办理个体工商户登记当月起，在3年内按每户每年12 000元为限额依次扣减其当年实际应缴纳的增值税、城市维护建设税、教育费附加、地方教育附加和个人所得税。限额标准最高可上浮20%，各省、自治区、直辖市人民政府可根据本地区实际情况在此幅度内确定具体限额标准。在增值税方面，对于一些属于小规模纳税人的大学生创业企业，在销售额未达到一定标准时，可享受免征增值税的优惠政策。这些税收减免政策切实减轻了大学生创业企业的运营负担，为企业节省资金用于技术研发、市场拓展和人才培养，助力企业在激烈的市场竞争中发展壮大。

由此我们可以看出，政府推出的创业扶持政策，从资金、能力、平台和税收等多个维度为大学生创业提供了全面而有力的支持，有效降低了创业门槛和风险，激发了大学生的创业热情和创新活力，为推动大众创业、万众创新注入了源源不断的动力。

五、构建大学生就业市场管理体系

随着高校毕业生人数持续增加，传统就业市场管理模式已难以适应新形势、新需求，亟须构建科学、规范、高效的大学生就业市场管理体系，这是应对当前严峻就业形势、促进高校毕业生更充分更高质量就业的必然要求，不仅有利于优化人力资源配置，服务经济社会发展，还能有效维护高校毕业生合法权益，促进社会和谐稳定。

首先，政府要打造一张覆盖全国的人才市场信息网。该信息网应深度依托先进的互联网技术和大数据平台。在技术层面，运用云计算技术确保系统的高效稳定运行，能够承载海量的就业数据和高并发的用户访问请求，避免在求职高峰期出现卡顿或瘫痪。借助区块链技术保障数据的安全性和真实性，防止就业信息被篡改或泄露，让大学生和企业都能放心使用。同时，利用物联网技术，与高校的就业指导中心、企业的人力资源部门以及各类就业服务机构实现硬件设备的互联互通，实时采集和传输就业相关数据。通过智能化算法，依据大学生的专业、兴趣、求职意向等个性化特征，精准推送就业岗位信息。一方面，建立完善的用户画像系统，当大学生在信息网注册时，详细收集他们的专业、学习成绩、实践经历、兴趣爱好、职业规划等信息，运用机器学习算法对这些信息进行分析和挖掘，构建出每个大学生独一无二的用户画像。另一方面，对企业的招聘岗位信息也进行深度分析，提取岗位的职责要求、技能需求、薪资待遇、工作地点等关键要素。然后，将大学生的用户画像与企业的岗位需求进行匹配，运用智能推荐算法，为大学生精准推送符合他们需求和期望的就业岗位信息，让大学生能够在海量的就业信息中，便捷、高效地获取全面且符合自身需求的就业资讯，大大提高求职效率，增加就业机会。

其次，完备且健全的法律法规体系在规范大学生就业市场行为、切实保障学生与企业正当合法权益方面，扮演着不可或缺的坚实后盾角色。在当前社会经济环境下，大学生就业市场已初步构建起一定的规范框架，但不可忽视的是，仍存在诸多模糊地带与不规范行为。从法学理论层面分析，法律规范的不完善易导致权利与义务边界不明晰，进而引发市场秩序的混乱。例如在就业市场中，部分企业利用现有规范的漏洞，进行虚假招聘，夸大岗位待遇与发展前景，误导大学生求职选择；就业歧视现象时有发生，部分企业基于性别、地域、户籍等不合理因素对大学生进行区别对待，严重违背了公平就业原则；不合理用工问题也屡见不鲜，部分企业随意延长工作时间、克扣工资、不依法缴纳社会保险等，极大地损害了大学生的劳动权益。这些问题的存在不仅破坏了就业市场的公平竞争秩序，也对社会的和谐稳定产生了负面影响。

因此，制定专门的法律法规已成为当务之急，如拟定《大学生就业市场管理条例》。从立法目的来看，该条例旨在通过明确具体的法律条文，构建起严密的就业市场规范体系。在市场准入门槛方面，应运用严格的法律标准对参与大学生就业市场的企业资质进行全面审查，包括企业的经营状况、财务实力、人力资源管理水平等，同时对企业信誉进行严格评估，如考察企业过往的劳动纠纷处理记录、商业信用评级等，从源头上杜绝不良企业进入市场，扰乱就业秩序。在交易规则界定上，需运用精确的法律语言对企业招聘流程进行规范，从招聘信息发布的真实性、准确性要求，到面试环节的公平公正原则，再到录用通知的法律效力等，均应作出明确规定。在薪资待遇设定方面，依据劳动法律法规与市场行情，设定合理的薪资下限与调整机制，确保大学生的劳动付出得到相应的经济回报；对于劳动合同签订环节，明确合同必备条款，包括工作内容、工作时间、劳动保护、社会保险等，杜绝企业利用格式合同侵害大学生权益。纠纷处理机制的建立健全也是该条例的关键内容。依据《中华人民共和国民法典》《中华人民共和国劳动法》等相关上位法，构建起一套完整的纠纷解决程序。当大学生与企业在就业过程中产生争议时，首先可通过调解程序，由中立的调解机构介入，依据法律法规与公平原则，促使双方协商解决纠纷；若调解不成，则进入仲裁程序，由专业的劳动仲裁机构依据法律规定和事实证据进行裁决；对仲裁结果不服的，可依法向人民法院提起诉讼，通过司法审判保障当事人的合法权益，为解决就业市场中的矛盾提供清晰、严谨且具有可操作性的法律依据，切实维护市场的公平竞争秩序。

最后，强化监管与执行力度。从公共管理理论角度出发，有效的监管是确保法律法规得以有效实施的关键环节。政府应设立专门的就业市场监管机构，明确其职责权限与监管范围，配备具备法学、人力资源管理、劳动经济学等专业知识背景的监管人员，运用专业知识与技能对就业市场进行全方位、多层次的监管。定期对就业市场进行巡查，采用实地走访、资料审查、问卷调查等多种方式，对企业的招聘行为、用工情况、合同履行等进行检查，确保各项法律法规和政策措施得到切实有效的落实。对违反规定的企业和个人，依据相关法律法规，依法依规予以严肃处理，如对虚假招聘的企业处以罚款、责令整改、列入失信名单等处罚措施；对就业歧视行为，依法追究企业的法律责任，并要求其对受歧视大学生进行赔偿；对不合理用工行为，责令企业限期整改，补缴社会保险，支付加班工资等。政府通过严厉的处罚措施，形成强大的法律威慑力，可以促使市场主体自觉遵守法律法规，维护就业市场秩序。

企业层面则可以从以下几点着手。一是岗位供给与需求明确。企业应结合自身发展战略和业务扩张需求，制订长期稳定的大学生招聘计划，定期发布高质量岗位信息，涵盖不同专业和技能领域。深入调研市场和行业趋势，精准分析所需人才类型和技能要求，在招聘信息中清晰阐述岗位内容、职业发展路径，使大学生能充分了解岗位与自身匹配度，避免盲目求职。二是参与人才培养全过程。企业应主动与高校建立紧密合作关系，深度参与人才培养方案制定。企业可派出资深员工参与高校课程设计，将行业最新动态、实践经验融入教学内容，使课程更贴合实际工作需求；设立企业奖学金，激励大学生专注专业学习，提升综合素质；提供实习岗位，让学生在实践中积累工作经验，增强就业竞争力。三是完善招聘与留用机制。企业应建立公平、公正、透明的招聘流程，简化烦琐环节，提高招聘效率。运用科学的人才测评工具，全面评估大学生的专业能力、创新思维、团队协作等综合素质，选拔真正符合企业需求的人才。为新入职大学生提供完善的培训和职业发展规划，导师一对一指导，帮助其快速适应工作环境，明确职业发展方向，提升员工满意度和忠诚度，降低人才流失率。四是反馈与交流机制建设。企业应定期向高校反馈大学生在实习和工作中的表现，提出人才培养改进建议，形成高校与企业之间的良性互动。同时，积极参与行业协会组织的人才交流活动，分享企业在大学生就业市场管理中的经验与成果，共同探讨解决大学生就业面临的问题，推动整个大学生就业市场管理体系的完善。

第二节　构建深度协同机制

一、建立常态化沟通平台

政府通过发挥主导作用，定期组织由企业、高校参与的就业工作联席会议。在会议中，运用系统性分析方法，深入探讨大学生就业形势，全面剖析企业在不同发展阶段的人才需求特征，以及高校在人才培养方向上与市场需求的契合度与偏差点。各方依据翔实的数据和案例，共同商议并制定针对性的策略，以促进高校人才培养与企业实际需求的有效对接，提升大学生就业的匹配效率。

为进一步打破信息壁垒，政府应着力搭建数字化线上沟通平台，例如开发功能完备的就业服务 App 或构建专业的网站论坛。在该平台上，企业能够精准发布各类招聘信息，涵盖岗位要求、职业发展路径、薪资福利等详细内容；高校可及时反馈人才培养过程中的课程设置、实践教学成果、毕业生综合素质等情况；大学生则可就职业规划、求职技巧、行业发展趋势等问题进行咨询，实现信息的高效交互与共享，构建起政府、企业、高校和大学生之间紧密互动的就业生态体系。

二、开展联合人才培养

在当前经济社会快速发展以及高等教育改革不断深化的背景下，企业与高校开展联合人才培养，已成为解决人才供需结构性矛盾、提升人才培养质量的关键路径。企业与高校以市场需求为导向，基于对行业发展趋势、企业岗位需求以及高校学科专业优势的深度调研与分析，共同制定契合产业发展的人才培养方案。

在教学内容的融合创新上，高校积极引入企业实际项目，通过项目驱动教学法，让学生在完成项目任务的过程中，系统地掌握专业知识与技能。例如，在软件工程专业中，高校引入企业真实的软件开发项目，从需求分析、设计、编码到测试，让学生全程参与，使学生深入理解软件开发的工作流程与规范。同时，大力推行订单式培养模式，企业与高校签订具有法律效力的人才培养协议，明确人才培养目标、课程设置、考核标准等关键内容。企业依据自身人才需求，参与高校人才培养的全过程，从招生宣传、学生选拔到教学过程监控、毕业生录用，实现人才定制化培养。

现代学徒制作为一种新型人才培养模式，强调校企双主体育人、双导师指导。高校学生在企业师傅的指导下，参与企业实际生产与服务活动，在实践中掌握岗位技能，积累工作经验。企业师傅不仅传授技能，还将企业文化、职业素养等融入日常教学，使学生在潜移默化中养成良好的职业习惯。同时，高校教师定期到企业进行实践锻炼，参与企业的技术研发、产品创新等项目，了解行业最新技术与管理理念，将实践经验转化为教学案例，丰富教学内容，提升教学质量。企业技术骨干走进高校课堂，通过专题讲座、案例教学等形式，将企业实际工作中的前沿技术、实际问题与解决方案传授给学生，拓宽学生的视野，增强学生的实践应用能力。

通过这种深度的校企合作，实现了企业、高校、学生三方共赢。企业获得了符合自身需求的高素质复合型人才，高校提升了人才培养质量与社会服务能力，学生则增强了就业竞争力，实现了高质量就业，为社会经济的可持续发展提供了坚实的人才保障。

三、推动产学研合作

深化产学研合作成为促进科技进步、产业升级以及解决大学生就业问题的重要举措。政府应充分发挥引导与激励作用，积极搭建企业与高校深度合作的桥梁，促进双方在科研领域的协同创新。

政府鼓励企业与高校基于各自的资源优势与发展需求，共建科研平台，如联合实验室、研发中心等。这些科研平台不仅整合了高校的科研人才资源与企业的资金、设备资源，还为开展前沿性、实用性科研项目提供了有力支撑。通过共同承担科研项目，高校科研人员能够深入了解企业实际的技术需求与市场痛点，使科研成果更具针对性与应用价值；企业则借助高校的科研力量，突破技术瓶颈，提升自身的核心竞争力。同时，这一过程也为大学生提供了丰富的科研实践机会，让学生能够参与到实际科研项目中，接触前沿科研技术，培养科研思维与创新能力，提升综合素质，为未来的职业发展奠定坚实基础。

为进一步激发企业与高校开展产学研合作的积极性，政府可设立产学研合作专项奖励基金。该基金依据明确、科学的评价指标体系，对在产学研合作中取得突出成果的项目进行评估。对于在科技成果转化方面成效显著，成功将科研成果应用于企业生产实践，推动产业升级的合作项目，以及有效促进大学生就业，为大学生提供大量优质实习、就业岗位，且毕业生在企业中能够快速适应并发挥重要作用的企业和高校，给予资金奖励与政策扶持。通过这一奖励机制，不仅能够激励更多企业与高校积极投身产学研合作，还能形成示范效应，带动整个区域的产学研合作向更高水平、更深层次发展，实现科技创新、产业发展与大学生就业的良性互动。

第三节　搭建高效就业服务平台

一、打造一体化就业信息平台

在数字化浪潮的推动下，构建高效的就业服务平台已成为解决大学生就业难题的核心举措。打造一体化就业信息平台，关键在于全面整合政府、企业、高校三方的就业信息资源。政府凭借其强大的公信力与行政协调能力，搭建起三方沟通协作的桥梁。政府通过制定统一的数据标准与规范，明确企业、高校上传信息的格式、内容要求，确保数据的准确性与一致性。企业需将各类招聘信息，按照岗位类别、行业领域、技能要求、薪资待遇等详细分类，定期上传至平台指定端口。高校则需对本校毕业生的求职信息进行系统梳理，涵盖学业成绩、专业技能证书、实习实践经历、职业规划方向等，以标准化数据格式录入平台。经过严格的数据清洗与审核流程，这些分散的信息被整合到统一的大学生就业信息数据库中，为后续的信息共享与分析奠定坚实基础。

在技术应用层面，充分发挥大数据与人工智能技术的优势。大数据技术负责对海量就业信息进行深度挖掘与分析。通过对企业历年招聘数据的纵向对比，以及不同行业、企业间招聘数据的横向分析，洞察市场对人才需求的动态变化，如新兴技术领域岗位的快速增长、传统行业对复合型人才的新需求等。同时，对大学生求职行为数据进行多维度分析，包括求职渠道偏好、浏览岗位类型、投递简历频率等，精准把握学生的求职心理与行为模式。人工智能技术则基于深度学习算法，构建智能匹配模型。该模型依据企业招聘需求与大学生求职意向中的关键要素，如专业匹配度、技能契合度、工作地点偏好、薪资期望等，进行复杂的计算与分析，实现双方信息的精准匹配。

该平台建成后，招聘信息、求职信息与就业政策实现实时共享。企业能够迅速筛选出符合岗位要求的潜在人才，降低招聘成本与时间成本；高校可根据企业人才需求反馈，及时调整人才培养方案，优化课程设置；大学生则能在平台上便捷获取全面的就业信息，精准定位适合自己的岗位，大大提高就业效率，促进就业市场的高效、有序运行。

二、完善就业权益保障机制

在就业市场的动态发展中，构建完善的就业权益保障机制，对于维护大学生的合法权益，营造公平、有序的就业环境具有关键意义。政府作为就业市场的监管者与引导者，应多维度发力，强化劳动法律法规的宣传与落实。

政府可通过多种渠道，如线上线下相结合的方式开展劳动法律法规宣传活动。线上利用官方网站、社交媒体平台、就业服务 App 等，发布劳动法律法规解读文章、短视频，定期举办线上法律知识讲座与答疑活动；线下深入高校、企业、人才市场等地，举办法律知识宣讲会、发放宣传手册，组织法律知识竞赛等活动，全方位、多层次地普及劳动法律法规知识，提高大学生和企业对相关法律的认知度。同时，还可以通过完善法律框架与标准制定。

（一）修订实习管理规定

现行的《职业学校学生实习管理规定》在规范职业学校学生实习方面发挥了重要作用，但随着高等教育的普及和就业市场的变化，将普通高校实习纳入监管范畴已迫在眉睫。政府应组织教育、劳动等相关部门，联合行业专家和高校代表，对该规定进行全面修订，明确实习性质，严格禁止企业以“实训”名义替代正式用工，防止企业利用实习之名逃避用工责任。同时，综合考虑各地区经济发展水平、行业特点以及学生实习的实际付出，制定合理的最低薪酬标准，确保学生的劳动价值得到应有的体现；明确最长工时限制，避免学生过度劳累，保障其身心健康。

（二）建立实习协议备案制

为杜绝“虚假实习”“无协议实习”等乱象，政府应搭建专门的实习协议签署平台，要求企业、学校、学生三方在该平台上签署标准化协议，协议内容必须涵盖岗位职责、安全保障、考核评价等关键内容。岗位职责需详细说明学生在实习期间的具体工作任务和要求；安全保障条款应明确企业在实习场所安全设施配备、安全培训等方面的责任；考核评价内容则应规定实习结束时企业对学生实习表现的评价方式和标准。通过这种方式，确保实习活动在规范的框架内进行，保障各方权益。

（三）构建权益救济与监督机制

政府应设立全国统一的“大学生实习权益投诉平台”，整合劳动监察部门与教育行政部门的力量，形成联动机制。当学生在实习期间遭遇克扣薪酬、强制加班、安全责任事故等问题时，可通过该平台进行投诉。相关部门在接到投诉后，应立即启动调查程序，实施“一诉即查、违规必罚”。对于克扣薪酬的企业，除责令其足额支付薪酬外，还应按照一定比例给予学生经济赔偿；对于强制加班的企业，依法处以罚款，并责令其整改；对于发生安全责任事故的企业，除追究相关责任人的法律责任外，还应要求企业对学生进行合理赔偿。

（四）推行实习责任保险制度

实习过程中存在一定的风险，为降低企业与学生的后顾之忧，政府应推行实习责任保险制度，由政府补贴保费，确保保险覆盖实习期间的人身伤害、财产损失等风险。在人身伤害方面，保险应涵盖因工作导致的工伤、意外事故等造成的身体伤害；在财产损失方面，应包括学生在实习场所因工作原因导致的个人物品损坏或丢失。通过这一制度，为学生实习提供坚实的保障。

在规范企业招聘行为方面，政府应加强对招聘信息发布的监管，要求企业如实、准确地公布招聘岗位的职责、要求、薪资待遇、工作环境等信息，严禁发布虚假、歧视性招聘信息。在企业用工环节，严格监督企业遵守劳动法律法规，确保企业依法与大学生签订劳动合同，明确双方的权利和义务，规范劳动时间、劳动报酬、社会保险、劳动保护等方面的内容，杜绝企业拖欠工资、随意延长工作时间、不按规定缴纳社会保险等违法行为。对于违反劳动法律法规的企业，依法给予严厉处罚，并及时公示，形成有效的法律威慑。通过以上举措，构建起完善的就业权益保障机制，为大学生就业保驾护航。

第四节　鼓励创新创业与灵活就业

就业形势日益多元化的当下，鼓励大学生创新创业与灵活就业，对缓解就业压力、激发市场活力具有重要意义。

一、建设创新创业孵化基地

政府、高校、企业以及社会资本，应充分发挥各方优势，全方位、多层次地打造功能完备的创新创业孵化基地。在场地建设上，秉持着“以创业者为中心”的理念，精心选址，力求交通便利，周边配套设施完善，便于大学生创业团队与外界沟通交流、获取资源。打造的办公空间宽敞明亮，布局合理，按照不同规模创业团队的需求，划分出多样化的办公区域，从独立办公室到开放式工位，满足不同发展阶段的团队入驻。办公区域内配备国际一流的办公设备，如高性能电脑、多功能打印机、智能会议平板等，为创业者提供高效的办公体验。高速稳定的网络覆盖整个基地，保障创业者能实时获取最新的行业动态，与全球市场保持紧密联系。会议室、洽谈室等公共服务设施一应俱全，会议室配备先进的视频会议系统，方便创业团队与异地合作伙伴进行远程沟通；洽谈室则装修精致，营造出舒适的商务洽谈氛围，助力创业团队与投资人、客户等进行深入交流，满足大学生创业团队从项目构思阶段的头脑风暴，到产品研发阶段的设备使用，再到市场推广阶段的商务洽谈等各个阶段的场地需求。在资金支持方面，设立专项创业扶持基金，该基金来源广泛，涵盖政府财政拨款、企业赞助、社会资本投资等。通过多元化的资金投入，为大学生创新创业项目提供充足的资金保障。直接投资上，针对具有创新性、前瞻性的创业项目，由专业的投资评审团队进行严格筛选，对符合条件的项目给予一定比例的股权融资，助力项目快速启动；贷款贴息方面，与各大金融机构合作，为大学生创业项目争取低息贷款，并对贷款利息进行部分补贴，降低创业项目的融资成本，缓解资金压力；项目资助方面，依据创业项目的不同发展阶段和特点，给予相应的资金支持，如对处于创意萌芽阶段的项目提供种子资金，用于市场调研、产品原型开发等，对已经进入市场推广阶段的项目，给予营销推广资金，帮助其打开市场，提升品牌知名度，全方位为大学生创新创业项目提供启动资金和后续发展资金。

二、支持灵活就业

新兴业态和灵活就业领域展现出巨大的发展潜力与活力，积极鼓励大学生投身其中，对于缓解就业压力、激发创新活力以及促进大学生多元化发展具有重要意义。以网络直播、在线教育等为代表的新兴业态，正以迅猛的态势改变着传统的就业模式和经济形态，为大学生提供了广阔的就业空间和发展机遇。

一方面，政府应在政策引导层面发挥关键作用。政府应出台一系列具有针对性和可操作性的政策，从根本上明确灵活就业人员的权益保障和劳动规范等核心内容，彻底消除大学生从事灵活就业的后顾之忧。在权益保障方面，除了规定灵活就业平台应该为从业者购买必要的商业保险，保障其在工作过程中的人身安全和基本权益外，还应进一步完善社会保险制度，推动灵活就业人员能够便捷地参与养老保险、医疗保险等基本社会保险，确保其在面临生老病死等人生重大事件时能够得到相应的保障。在劳动规范上，明确灵活就业的工作时间、工作强度以及薪酬支付方式等关键要素，防止出现过度劳动、拖欠薪酬等不良现象。

另一方面，企业要发挥岗位供给、技能培育、权益保障、资源链接与规则制定的作用，为大学生提供丰富就业机会、提升就业能力、保障就业权益、拓展就业渠道并营造良好就业环境。深挖业务需求，开发如线上运营、文案策划等多元化灵活岗位，还可设置短期项目制工作，以项目发包形式供大学生参与。针对这些岗位，开展专业技能与职场通用技能培训课程，并配备导师进行一对一指导。实行弹性工作时间，建立以成果为导向的多元考核机制，给予公平合理报酬，对表现出色者提供奖金、推荐信等激励。签订正规合同保障权益，提供安全工作环境，提前告知风险。

此外，开展针对性强的职业技能培训是提升大学生在新兴业态和灵活就业领域就业竞争力的关键环节。针对网络直播行业，学校应开设网络直播带货技巧培训课程，内容涵盖直播策划、话术技巧、粉丝运营、商品选品等多个方面，邀请行业内知名主播和电商专家进行授课，通过案例分析、实战演练等方式，让大学生掌握直播带货的核心技能。对于在线教育领域，学校应开设在线教育课程设计与教学方法培训，从课程体系构建、教学内容设计、教学互动技巧到教学评价方法等全方位进行培训，培养大学生成为具备专业教学能力和创新思维的在线教育从业者。同时，学校还可联合企业开展实践培训项目，让大学生在真实的工作场景中积累经验，提升实际操作能力。例如，与在线教育平台合作，为大学生提供实习机会，参与课程研发、教学服务等工作，使大学生在实践中不断提升自身的就业竞争力，更好地适应灵活就业市场的需求，实现多元化就业。

参考文献

[1] 马克思，恩格斯. 马克思恩格斯文集：第八卷 [M]. 中共中央编译局，译. 北京：人民出版社，2009.

[2] 马克思，恩格斯. 马克思恩格斯全集：第四十二卷 [M]. 中共中央编译局，译. 北京：人民出版社，2016.

[3] 马克思. 资本论：第一卷 [M]. 中共中央编译局，译. 北京：人民出版社，2004.

[4] 马克思，恩格斯. 马克思恩格斯全集：第三卷 [M]. 中共中央编译局，译. 北京：人民出版社，2002.

[5] 马克思，恩格斯. 马克思恩格斯全集：第一卷 [M]. 中共中央编译局，译. 北京：人民出版社，1956.

[6] 马克思，恩格斯. 马克思恩格斯选集：第一卷 [M]. 中共中央编译局，译. 北京：人民出版社，2012.

[7] 马克思，恩格斯. 德意志意识形态（节选本）[M]. 中共中央编译局，译. 北京：人民出版社，2018.

[8] 列宁. 列宁选集：第三卷 [M]. 中共中央编译局，译. 北京：人民出版社，1995.

[9] 列宁. 列宁全集：第三十五卷 [M]. 中共中央编译局，译. 北京：人民出版社，1985.

[10] 克拉克. 高等教育系统 [M]. 王承绪，等译. 杭州：杭州大学出版社，1994.

[11] 里尔登. 职业生涯发展与规划 [M]. 教育部高校学生司，译. 北京：高等教育出版社，2005.

[12] 邓宁. 你的职业性格是什么：MBTI16 型人格与职业规划 [M].

杨良得，译. 北京：电子工业出版社，2009.

[13] 陈万柏，张耀灿. 思想政治教育学原理［M］. 3 版. 北京：高等教育出版社，2015.

[14] 麦可思研究院. 大学生求职决胜宝典（2013 年本科版）［M］. 北京：清华大学出版社，2013.

[15] 金树人. 生涯咨询与辅导［M］. 北京：高等教育出版社，2007.

[16] 北京高校学生心理素质教育工作研究中心. 大学生职业生涯辅导［M］. 北京：经济管理出版社，2008.

[17] 钟谷兰，杨开. 大学生职业生涯发展与规划［M］. 北京：中国人民大学出版社，2010.

[18] 习近平. 促进高质量充分就业［N］. 人民日报，2024-11-01（01）.

[19] 习近平. 决胜全面建成小康社会 夺取新时代中国特色社会主义伟大胜利［N］. 北京：人民出版社，2017.

[20] 习近平. 高举中国特色社会主义伟大旗帜 为全面建设社会主义现代化国家而团结奋斗［N］. 人民日报，2022-10-26（01）.

[21] 康廷虎，王耀，肖付平. 基于国际视野的大学生就业能力理论建构与培养路径［J］. 甘肃社会科学，2013（1）：234-238.

[22] 程奎，严蔚刚. 习近平高校教师思想政治工作思想探析［J］. 现代教育管理，2018（02）：6-9.

[23] 孟彬. 新中国成立 70 年我国大学生就业政策变迁［J］. 当代中国史研究，2019，26（03）：153.

[24] 吴冰蓝，周丽萍，岳昌君. ChatGPT/生成式人工智能与就业替代：基于高校大学生能力供求的视角［J］. 教育发展研究，2023，43（19）：40-48.

[25] 宋齐明，胡燕珊. 人工智能时代大学生就业能力需求变革及教育应对［J］. 中国大学生就业，2024（11）：75-83.

[26] 柯羽. 就业能力对就业质量的影响［J］. 当代青年研究，2010（06）：71-75.

[27] 康廷虎，王耀，肖付平. 基于国际视野的大学生就业能力理论建构与培养路径［J］. 甘肃社会科学，2013（01）：234-238.

[28] 万作芳. 美国能力分类、培养及启示：以 SCANS 为例［J］. 教

育研究与实验，2014（05）：36-39.

［29］郑晓明．“就业能力论”［J］．中国青年政治学院学报，2002（03）：91-92.

［30］赵颂平，赵莉．论大学生就业能力的发展［J］．教育与职业，2004（02）：65-66.

［31］文少保．基于人才强国战略的我国大学生就业能力开发策略研究［J］．现代大学教育，2006（01）：101-108.

［32］宋国学．基于可雇佣性视角的大学生职业能力结构及其维度研究［J］．中国软科学，2008（ 12）：129.

［33］贾利军，管静娟．大学生就业能力的全息分析［J］．中国大学生就业，2014（09）：22-24.

［34］龚勋，蔡太生．大学生就业能力：要素、结构与培育路径［J］．江苏高教，2018（01）：91-94.

［35］贾利军，薛艳，徐韵．缄默知识视角下就业能力开发［J］．南京师大学报（社会科学版），2008（04）：113-120.

［36］王霆，曾湘泉．高校毕业生结构性失业原因及对策研究［J］．教育与经济，2009（01）：1-4.

［37］李军凯．大学生就业能力结构模型研究［J］．教育学术月刊，2013（02）：64-67，83.

［38］鲍威，刘薇．高校毕业生可就业能力形成机制的实证研究［J］．教育发展研究，2016，36（01）：48-55.

［39］尹宿渥，谢桂庆．以就业为导向的大学生实践能力培养研究［J］．东岳论丛，2010，31（11）：184-186.

［40］贺峻熙．创新创业教育与专业教育融合对大学生就业能力的影响研究［D］．湘潭：湘潭大学，2019.

［41］王倩．大学生就业能力及其培养研究［D］．武汉：武汉理工大学，2015.

［42］王峰．基于供需耦合的大学生就业能力结构优化及实证研究［D］．徐州：中国矿业大学，2018.

［43］杨立姣．公共管理类大学生就业能力及其提升对策研究［D］．石家庄：河北大学，2022.

［44］王小靖．第二课堂对大学生就业能力的影响研究［D］．广州：

华南理工大学，2023.

［45］孙爽．高校体育教育专业学生就业能力及影响因素研究［D］．南京：南京体育学院，2024.

［46］陈林．基于马克思人的全面发展理论的大学生就业能力提升研究［D］．青岛：青岛大学，2023.

［47］武雅冉．马克思人的全面发展理论视阈下大学生就业能力提升研究［D］．石家庄：河北科技大学，2021.

［48］谢潇．社会资本理论视角下社团参与对大学生就业能力的影响研究［D］．重庆：重庆理工大学，2023.

［49］李如雪．物流管理专业大学生就业能力影响因素研究［D］．天津：天津理工大学，2024.

［50］郭欣．中国当代大学生就业能力培养研究［D］．长春：吉林大学，2017.

［51］张苏．湖南财经工业职院大学生就业能力的调查研究［D］．衡阳：南华大学，2020.

［52］邹娟．公共管理类专业本科生就业能力培养模式研究［D］．上海：华东政法大学，2021.

［53］贾莹莹．基于胜任力模型的大学生职业素养研究［D］．石家庄：河北科技大学，2023.

［54］曹钰．昆明市高校大学生就业能力培养研究［D］．昆明：云南财经大学，2024.

后记

当为书稿写上最后一个句点，时针已悄然划过凌晨两点。我轻轻合上电脑，一股沉甸甸的充实感涌上心头。《新时代大学生就业能力提升研究》从最初的框架到如今字字斟酌的定稿，不知熬过多少个万籁俱寂的深夜，有过为数据反复核对的焦灼，也有过对一段论述推倒重来的挣扎。此刻所有的疲惫都化作了甘甜，那些伏案的晨昏、推敲的细节、打磨的痕迹，终于在这一刻凝结成了手中即将出版的专著。

回望这段研究旅程，它并非坦途。扎根一线辅导员岗位九载，我亲历了五届毕业生的求职征程，见证过他们拿到 offer 时的欣喜，也倾听过他们求职受挫后的迷茫与焦虑。在新技术革命浪潮汹涌澎湃、产业结构加速重构的当下，大学生就业早已超越传统意义上的岗位匹配范畴。这一命题的背后，交织着经济转型期新旧动能的更迭阵痛、教育体系与市场需求的适配难题，以及青年个体在职业理想与现实压力之间的艰难抉择，每一层困境都亟待系统性的破解之道。犹记初期，面对纷繁复杂和庞大的就业数据与政策文本，我常常陷入深深的困惑。如何突破传统就业指导的框架束缚？如何精准把握并有效回应时代发展对人才提出的新要求？如何将宏观政策导向与微观个体能力提升真正融会贯通？这些问题，曾如磐石压在我心头，推动着我在无数个夜晚里反复思考、推演。所幸，我并非踽踽独行。研究过程中，有幸得到学界前辈高屋建瓴的点拨，他们利用自身深厚的学识修养和敏锐的洞察力为我指点迷津；也特别感谢诸多高校同仁的鼎力支持，允许我们进行田野调查，了解各高校促进就业的举措；更要感谢那些愿意敞开心扉、真诚分享求职经历与成长感悟的大学生，倾听他们在求职浪潮中的故事，感知那些未被言说的困惑与期待，驱动我不断探索与反思。同时，我要向工作单位的领导及相关职能部门致以诚挚的谢意，他们丰富的管理经验与专业视角，为书稿的架构搭建与内容深化提出真知灼见；也很感谢协助我收集数据资料、绘制图表的学生，是他们以认真细致的态度为研究筑牢根基；还要感谢在字斟句酌间打磨书稿、不厌其烦给出审阅建议的出版社编辑老师。正是这么多双有形与无形的手，共同托举起了这部书稿。

本书试图构建一个更具时代性、系统性和可操作性的新时代大学生就业能力提升框架。我深知，这绝非研究的终点，而恰恰是新的起点。书中所提出的观点和路径，是我基于当前认知与实践所能达到的阶段性思考，它必然存在局限，甚至可能存在偏颇。大学生就业能力的提升，是一个动态演进的宏大课题，它呼唤着持续的追踪、更深入的实证检验以及更多元视角的交叉融合。此刻，望着案头的书稿，我脑海中浮现出无数青年学子正站在人生十字路口的场景，前路既充满无限可能，亦暗藏未知的挑战。提升大学生就业能力，使其在时代的浪潮中既能安身立命，更能实现个人价值，这不仅仅是教育者的责任，更是关乎国家发展根基与社会和谐稳定的重大命题。衷心希望本书的探索与思考，能为破解当前大学生就业领域存在的结构性矛盾提供些许有益的参考，为高校深化人才培养改革、完善就业服务体系提供一种可能的思路，也为正在求职路上奋力拼搏的学子们，增添一份理解、支持与力量。

前路漫漫，道阻且长。惟愿这本凝聚了我研究心血与思考的书稿，能为后来者探索新时代青年成长与发展之路贡献力量。我深知，关于大学生就业能力提升的研究与实践，其探索永无止境。而我愿怀着敬畏与热忱，继续在这条路上坚定前行。

梁玲云

2025 年 7 月